LA MIA VITA È UNA SFIGA

sarà per la prossima!

GABRIELE VAGNATO

LA MIA VITA È UNA SFIGA

sarà per la prossima!

DeAGOSTINI

Redazione: via Inverigo, 2 - 20151 Milano
www.deaplanetalibri.it

Progetto grafico: Elena Scanferla
Fotografie: Alessio Russo
Illustrazioni: Claudia Petrazzi

Management Gabriele Vagnato: NEWTOPIA SRL - info@newtopia.it

Stampa: DRUK-INTRO SPÓŁKA AKCYJNA - Polonia 2019

SOMMARIO

Inverno

PREFAZIONE

Nel mondo succedono un sacco di disgrazie. Lo sapete che secondo una ricerca americana **ogni 2 secondi UNA PERSONA VIENE INVESTITA?**

Dico solo: che schifo.

CHE SCHIFO.

Dategli almeno il tempo di rialzarsi dico io. Ma la disgrazia di oggi è ancora più terrificante.

Ho pochissimo tempo per spiegarvi quello che sta per succedere.
1 minuto. O forse di meno.
Un po' come quando andate al bagno e fuori c'è una fila enorme.
Dovete fare in fretta.
Altrimenti penseranno che stiate facendo la cacca.
E quando uscirete vi guarderanno tutti.
Quindi, con cortesia, vi chiedo di ascoltarmi. Prima che sia troppo tardi.
Sono io che scrivo. Gabriele.
Gabriele quello buono però.
Aspettate. Fatemi trovare un soprannome.
Gabriele Buono. Vi piace?
Non ho fantasia.
Non era in sconto al supermercato e non l'ho comprata.
Voglio dirvelo subito: **QUESTO LIBRO L'HA SCRITTO GABRIELE CATTIVO.**
Il mio gemello.
Cioè siamo la stessa persona. Ma in realtà no.

Però allo stesso tempo lo siamo, ma è come se non lo fossimo.
Ditemi che avete capito. Avete capito?

AVETE CAPITO?

Ve lo chiedo perché io non c'ho capito niente.
Quindi ora farò un disegno per farvi capire.
Dentro ogni persona c'è una parte buona e una cattiva.
Ecco questo libro, l'ha scritto Gabriele Cattivo.

GABRIELE BUONO:

Io sono una persona buona. Sempre gentile con tutti. Non mi piace offendere nessuno e molte volte, anzi quasi sempre, ho paura di dire la verità. Vado nel panico e inizio a dire cose senza senso. Oddio sono confuso. Scusate. Me ne vado.

GABRIELE CATTIVO:

Lui è quello che dice la verità, anche se è una verità brutta e cattiva. Ha tantissime sfighe e se la prende con tutti, proprio per questo. È maleducato ma è convinto che gli altri siano maleducati. Si arrabbia facilmente. Anzi, si arrabbia già appena sveglio perché il sole si è permesso di sorgere. E poi insulta chiunque. CHIUNQUE. Quindi state attenti.

Ora che vi ho spiegato tutto.

Devo scappare.

Tenete sempre a mente che il libro l'ha scritto lui: GABRIELE CATTIVO.

Quindi se qualcosa vi offenderà o sarà troppo forte. Prendetevela con lui.

È tutta colpa sua. Non mia.

Anche se io sono lui e lui sono io.

ODDIO NON CI CAPISCO PIÙ NIENTE.

Leggete tutto. Ma sappiate che non è colpa mia.

Ormai è troppo tardi per fermarlo.

Buona fortuna.

ATTENZIONE

leggere attentamente con la voce di Gabriele.

...Anzi leggilo in modo arrabbiato e con la voce di Gabriele. Fai il/la maleducato/a.

Primavera

LE DOMANDE CHE MI FACEVO SEMPRE DA PICCOLO

Di domande, da piccolo, me ne facevo tante.
Anche troppe, per i gusti dei miei amici e dei miei parenti.
Quando ero solo, quando non avevo niente da fare, mi sdraiavo sul letto e pensavo.
Mi facevo domande.

Facevo credere a mia mamma di fare il riposino delle 2.
Quello che mia mamma mi faceva fare perché il suo dottore le ripeteva sempre:
«IL RIPOSINO DEL POMERIGGIO FA BENE, FA BENE ALLA SALUTE, FA BENISSIMO, FA

BENISSIMO ALLA VITA, IL RIPOSINO FA BENE».

Infatti lui poi è morto a 30 anni.

Sto' cretino.

La prossima volta impari a dire a mia mamma di farmi fare il riposino.

Da piccolo odiavo quando gli altri mi obbligavano a dormire.

Adesso odio gli altri quando non dormo.

Come cambiano le cose nella vita. Eh, dottore?

Quando mi sdraiavo sul mio lettino iniziavo a pensare.

Mi facevo le domande più intelligenti di sempre.

Quelle domande che tutti si fanno ma hanno vergogna di dirle ad alta voce.

Oggi ho il coraggio di scriverle. Così, giusto per dire alla vergogna che è una cretina. Che non ho paura di lei.

Una delle domande che mi facevo sempre è:

«Ma la regina Elisabetta la fa la cacca?»
Vorrei proprio saperlo.
Vorrei proprio sapere come la fa.
La persona più potente del mondo, che fa la cacca. Voi ve l'immaginate?
Io no.

E POI COME SI PULISCE?

Con i pezzi da 500 euro?
Pulisce dei pezzi di qualcosa con dei pezzi di qualcos'altro?
Questa domanda mi faceva diventare pazzo.
Pensavo giorno e notte alla vecchia più famosa del mondo che comandava una nazione, possedeva castelli, auto, gioielli, così tanti soldi da non farli stare dentro una casa, oro e tanto altro.
Mentre faceva la cacca.
Perché?
Allora un giorno trovai il coraggio di dirlo. Di fare questa domanda così pazzesca davanti a mia madre e tutta la mia famiglia.
Alzai la testa e domandai: «Ma secondo voi, la regina Elisabetta, come la fa la cacca?»

Tutti iniziarono a vomitare.
Non riuscivo a capire il perché.
Perché la mia domanda li aveva così tanto schifati?
Poi mi accorsi che eravamo a tavola e nel piatto di tutti c'erano le lenticchie. Che erano di un colore che ricordava quello che la regina Elisabetta aveva fatto nel suo bagno reale.

Forse avevo scelto il momento sbagliato.

FORSE, EH.

Non ne sono ancora sicuro.
Un'altra domanda che mi facevo sempre da piccolino era:

«MA QUANDO SI DIVENTA DAVVERO GRANDI?»

Non vedevo l'ora di diventare grande.
Avevo 10 anni. E ne parlavo sempre con mio cugino, che ne aveva due più di me.
Mia mamma e mia zia dicevano che mio cugino stava per diventare grande.
Ma si vedeva che aveva paura.
Allora decise bene di chiedere un aiuto all'unico amico che aveva.
L'unico di cui poteva fidarsi.
L'unico che non l'avrebbe mai tradito.

IO.

Pensate che sfigato che era ad avere come unico amico me.
Io, che passavo le giornate a pensare a come facevano la cacca le persone famose.
Mi chiese: **«Cosa vuol dire che ora divento grande? Mi sto sentendo male...»**

Io avevo letto da poco un libro su questo argomento.
Mi sedetti vicino a lui e gli dissi: «È normale che tu ti senta male!»
E lui: **«IN CHE SENSO?»**
E io: «Vedi, questo libro che ho letto dice che diventare GRANDI significa avere cambi d'umore, fame improvvisa e una volta al mese ti esce sangue da in mezzo alle gambe».
Ma forse ho sbagliato libro.
Ma non ne sono ancora tanto sicuro.

UNA COCA ZERO, GRAZIE

Da sempre invento scuse per evitare di dire la verità. Mi impegno a trovarne che sembrino vere.
Delle scuse originali.
Delle scuse così originali che certe volte ci credo anche io, quando le dico.
Così anche quegli scemi che mi ascoltano ci credono.
Secondo voi, vado a dire la verità alle persone che mi conoscono? Poveri illusi.

Una volta ero a scuola.
Ero piccolino. Diciamo. Forse. Non mi ricordo. Non ve lo voglio dire.
Ero a scuola e dovevo andare in bagno.
Lo chiesi al professore e lui mi rispose di no, che non ci potevo andare.

Non riuscivo a capire il perché.

Quel giorno era soltanto la tredicesima volta che gli chiedevo di andarci.

Non riuscivo a capire perché non mi ci voleva mandare.

Forse le prime dodici volte ci sono andato per saltare la lezione. Ma quella volta no.

Dovevo andare in bagno. Ma non per fare quella piccola. Dovevo fare quella grossa.

Non voglio essere volgare.

Come potrei chiamarla?

QUELLA GROSSA. MARRONE.

Cacca. Cacca vi piace? A me no. Ma prendetevela con quello che ha inventato l'italiano. È colpa sua se si chiama così.

Non riuscivo più a trattenermi. Così mi scappò qualcosa che non sarebbe mai dovuto scappare.

Non ve lo dico che cosa.

L'avete già capito.

Una scoreggia.

Ah, ve l'ho detto.

Troppo tardi ora per correggermi.

Tutti erano in silenzio quando accadde. Si sentì fortissimo.
E tutti capirono che ero stato io.
Ero io lo scorreggione della classe.
Ma che dico della classe, della scuola.
Ma che dico della scuola, della città.
Così, mentre tutti pensavano che quella scorreggia provenisse dal mio sedere, mi alzai dalla sedia e gridai: «QUESTA MACCHINA NUOVA DEL PRESIDE FA PROPRIO RUMORE. TROPPO RUMORE PER I MIEI GUSTI. NON VA BENE».

Da quel giorno tutti pensano che abbia un futuro come meccanico.

Le scuse non le uso solo con gli altri.
Anche con me stesso.
Sono troppo pigro per dirmi la verità.
Così mi dico le bugie.
E vi dico la verità: sono felice di questa cosa.
(Anche questa è una bugia.)
Non voglio sentirmi in colpa per le cose sbagliate che faccio.
Mi aiuta a dormire di notte.

Secondo voi è sbagliato dirsi delle bugie per dormire di notte?
Pensate a mia nonna che prende delle gocce, per dormire.
Lei dovrebbe sentirsi in colpa. Non io.

Io mi dico un sacco di bugie.
Quando sono al ristorante voglio sempre tenermi leggero. Per non ingrassare.
Per entrare nei vestiti, diciamo.
Ho brutte esperienze con i vestiti.
Proprio così, una volta sono ingrassato e i jeans hanno cominciato ad andarmi stretti.
Io me ne sono fregato.
E li ho messi comunque per andare a scuola.
Mi sono abbassato e i pantaloni si sono rotti.
A metà.
I miei compagni potevano vedere **LE MIE MUTANDE.**
Peccato che quel giorno non le avessi.
Ma questa è un'altra storia.

Parliamo di quando sono al ristorante e voglio tenermi leggero.

Ma fallisco sempre.

Ordino sempre un po' più cose degli altri.

Mia mamma prende 1 piatto, mio fratello prende 1 piatto, mia nonna prende 1 piatto.

Io un po' di più.

6 di più, per essere preciso.

Dopo aver ordinato, gli altri ordinano un COCA COLA NORMALE.

Io la ordino ZERO.

PER TENERMI LEGGERO.

Avete mai visto uno magro bere coca zero? Io no.
Però mi piace prendermi in giro.
Mi piace pensare che, anche se ho ordinato addirittura i capelli del cuoco pelato, prendendo la coca zero non ingrasserò.
Questo è quello che faccio nella vita di ogni giorno.
Uso scuse per non sentirmi in colpa con me stesso. E sono felice.

Usiamo scuse per non sentirci in colpa.
«Ho mangiato di più visto che è il mio compleanno.»
«Mi sono svegliato tardi oggi perché ieri non ho dormito abbastanza.»
«Poiché ho imparato 1 pagina di storia su 543 che dovevo studiare, merito un premio.»
E fatemelo dire. Se ci fosse un premio per le scuse migliori. Io di sicuro lo vincerei.
Oltre a fare il meccanico ho anche altre abilità, avete visto?

PER DISPETTO SONO VEGETARIANO

Per anni mia mamma mi ha costretto a mangiare la verdura.
Chili di verdura dovevo mangiare, secondo lei.
Ora che voglio mangiarla, mia mamma non la cucina mai.
Mi prendi in giro, mammina?
Dimmelo. Dai dimmelo. Così finalmente capisco tutto.

DA PICCOLO NON VOLEVO MANGIARE LA VERDURA.

Non sono una giraffa a cui dare da mangiare 29 chili di verdura a settimana, mammina.

Forse ho il collo lungo. Ma non così tanto.
Così, tutta la verdura che mia madre mi cucinava la facevo mangiare al cane.
Direte voi, PERCHÉ GLI PIACEVA?
No, perché era cieco e non sentiva gli odori.
Così impara.
E smettetela di giudicarmi.

Iniziai a mangiare la frutta e la verdura quando avevo 15 anni.
Non perché volessi, ma per non morire.
Avete capito bene.

PER NON MORIRE.

Mi avevano proposto di partire in gita con la classe.
10 giorni lontano da mia mamma.
Accettai subito.
Mica queste occasioni me le lascio sfuggire.
Accettai prima che mi dicessero il prezzo.
10 giorni senza mia mamma non hanno prezzo.
Pagammo davvero poco. Ero felicissimo.
Quando arrivai in hotel scoprii perché.
C'era così tanta polvere che i camerieri non camminavano. Nuotavano.

«Almeno facciamo attività fisica» mi spiegò uno di loro.
Fortunati.
Il cibo faceva così tanto schifo che anche il cuoco andava a mangiare in un altro posto.
La carne era così dura che Roberto, un mio compagno di classe, la usava come martello per attaccare i chiodi al muro.
La pasta era così appiccicosa che, a confronto, la colla stick che avevo nell'astuccio era gustosa e saporita.

Infilai un pezzo di carne in tasca per spedirla a mia madre.
Per farle sapere che **c'era qualcuno che cucinava peggio di lei.**

E CE NE VUOLE.

Ancora adesso la conserva in un mobiletto di cristallo. Così, quando le dico che non sa cucinare, minaccia di tirare fuori la carne della gita.

Mi ha fregato.

L'unica cosa che cucinavano bene in quell'hotel era la frutta.

Che non va cucinata.

Complimenti agli chef, mi sento di dire.

Anche l'insalata non era male.
Forse perché compravano quella già fatta.
Non saprei dire.
Fu così che iniziai a mangiare le verdure. E rimasi sconvolto. Scoprii una cosa che non mi sarei mai aspettato. **Una cosa pazzesca.**

ALCUNE MI PIACEVANO.

Mi piacevano così tanto che quando tornai a casa iniziai a mangiare qualsiasi tipo di verdura.
Anche la pianta sul balcone di mia nonna.
Solo dopo cominciai a pensare che non fosse stata una buona idea.
Soprattutto quando scoprii che era velenosa.
Cosa se ne faceva la vecchia di una pianta velenosa in casa?
Era chiaro. Tutto un piano di mia mamma per uccidermi.

A parte questo sfortunato episodio, ho capito che le verdure non fanno così tanto schifo. A volte.
Non dovremmo giudicare le cose o le persone senza conoscere.

Non lo dovremmo fare.

Assolutamente no.

Non dovremmo insultare nulla, SENZA PRIMA CONOSCERE.

PRIMA CONOSCETE.
E POI INSULTATE.

Così si fa.

QUELLO CHE HA INVENTATO I COMPITI IN CLASSE È IL MIO IDOLO

Fatemelo conoscere, quello che ha inventato i compiti in classe.

GLI FAREI I COMPLIMENTI.

Perché è l'unico che è riuscito a fare tre cose insieme: una strage, torturare milioni di persone ed essere insultato da chiunque.
Ma senza finire sui libri di storia.
«Vi ho fregati e neanche mi conoscete.» Questo penserà di noi quello che ha inventato i compiti in classe.

È stato bravissimo. Gli stringerei la mano.
Mi farei spiegare come ha fatto.
Io non ci riuscirei mai.
Se facessi una cosa così mi scoprirebbero subito.
Qualsiasi cosa faccia, mi sgamano sempre tutti.
Una volta alle medie chiamai «mamma» la professoressa.
Lo seppero immediatamente tutte e trentacinque le classi della scuola, i bidelli e pure mia madre.

CHE SI È OFFESA.

«Il bidet, ora fattelo fare dalla professoressa» mi disse mia madre durante la riunione di classe, davanti agli altri 25 miei compagni.
Così non solo ero quello che chiamava «mamma» la prof.
Per tutti, ero diventato anche «quello senza mani».
Perché?
Perché il bidet me lo faceva mia madre.
Sono uno pigro.

FATEVI I FATTI VOSTRI.

Secondo me erano solo invidiosi.

Io dimentico sempre tutto.
E questo non aiuta, se devi fare un compito in classe.
Per questo scrivevo tutti gli appunti sul braccio.
Un pomeriggio impiegai 5 ore a scrivermi metà del libro di matematica sul braccio.
Ero prontissimo.
Prontissimo a prendere 10.
Nessuno poteva fermarmi.
Prendevo in giro tutti i miei compagni che erano impreparati.
Finalmente avrei potuto prendere il voto più alto di tutti.
E poi sbatterlo in faccia ai miei compagni.
Iniziò il compito.
E fu lì che scoprii che cosa era quel prurito che avevo sentito durante la notte. Era mia madre che cancellava gli appunti con una salviettina.
«Ti ho pulito le braccia, le avevi tutte sporche.» Mi aveva scritto per messaggio.
'Sta maleducata. Ma come ti permetti?

SONO SEMPRE STATO UN TIPO ANSIOSO.

E l'ansia che ho durante i compiti in classe se la prende con la mia pancia.
Inizio ad avere un dolore assurdo di stomaco.
E non capisco se è colpa del compito in classe o se sto per farmela addosso.
Come capirete, questo è un problema. Anche molto grave.
Ero riuscito a trovare un modo per prendere un voto più alto degli altri.

Un modo per prendere il voto più alto della classe.

STUDIARE E IMPEGNARSI?

No.

Distrarre gli altri durante il compito.

Perché se gli altri avessero preso 2, tutti quanti, io sarei stato il migliore della classe.

Il secchione. Quello che sa sempre tutto.

Con il mio 3.

Allora decisi di portare a scuola dei pasticcini.

Molto speciali.

Dentro ci avevo fatto mettere una medicina particolare.

Che dà degli effetti fantastici.

Non ve li dico quali.

Fatevi i fatti vostri.

Sono educato, io.

Effetti simili a quelli che l'ansia dava a me, comunque.

Tutti iniziarono a mangiare i pasticcini. Ero felicissimo.

Stavo per diventare il migliore della classe.

Ero così felice che per festeggiare mangiai un pasticcino.

Dimenticando che cosa ci avevo messo dentro.
Pensavo di avere mal di pancia per colpa del compito.
Pensavo male, però.
Non andai al bagno.
Un grave errore, ora che ci ripenso.
«C'è proprio un brutto odore!» dicevano gli altri, quando passavano vicino a me.
Pensavo che tutti si fossero accorti che me l'ero fatta sotto.
Non potevo dirlo.
«LUCA POTRESTI ANCHE FARTELA UNA DOCCIA» allora gridai.
Non so se funzionò.
Però passai tutto il giorno vicino al mio compagno di classe, Luca.
Per far capire a tutti che era lui quello che non si lavava.
Ho imparato una cosa da questa storia: basta pasticcini. La prossima volta sto a dieta.

LO SPORT NON FA PER ME

Lo sport è arrabbiato con me.

DA SEMPRE.

Ma come si permette?

Forse perché l'ho sempre ignorato.

Forse proprio per questo.

In realtà è tutta colpa sua.

Quando provo ad avvicinarmi, lui si arrabbia.

Ogni volta.

Ho provato tutti gli sport del mondo.

Anche le bocce.

Che bello sport, le bocce.

Passavo le giornate a giocare con i miei amici.
Prima che arrivassi io, il più piccolo del gruppo era Mario.
«Il ragazzino» lo chiamavano.
Aveva 82 anni.
Non avevo mai visto un ragazzino pelato e senza denti.
Non fanno le dentiere per ragazzini, giusto?
Forse per questo.
Era stato mio nonno a invitarmi a giocare a bocce.
«Devi provare questo sport fantastico!» mi diceva sempre.
Sei vecchi che lanciavano palle e parlavano di com'è difficile mangiarsi le unghie dei piedi con i denti quando i denti non li hai: a me sembra tutto tranne fantastico.
E poi, non è molto sicuro giocare a bocce quando si è quasi ciechi.
Perché una boccia pesa.
Io non sapevo che pesasse così tanto.
L'ho scoperto quando il signor Filippo mi colpì sulla tempia, gridando: **«20 PUNTI PER ME».**
Il vecchio aveva ragione. 20 punti. Sì.
Sì, quelli che mi misero in ospedale.

«La banda dei vecchi maleducati» li chiamavo. Avrebbero potuto uccidere qualcuno con quelle bocce.

ERANO PERICOLOSI.

Andate a fare shopping dove hanno le bare in offerta, andate.
Se ne comprate due ve ne regalano una.
Che non si sa mai.
Invece di tirare le bocce a me. Maleducati che non siete altro.

Pensavo che nessuno sport sarebbe stato peggio delle bocce.

MI SBAGLIAVO.

Mi sbagliavo eccome.
Quando mi hanno fatto scoprire lo sci d'acqua la mia vita è cambiata.
In peggio.
Avete presente quegli amici che ti costringono a fare cose che TU NON VUOI FARE?
Io ne ho tantissimi.
Che fortuna.
Va bene andare a mangiare il cibo cinese (che io odio), ma costringermi a scalare l'Everest senza bombole d'ossigeno mi sembra troppo.
Ma quella è un'altra storia.
Tornando allo sci d'acqua.

Dovevo legarmi a una corda e indossare un paio di sci, e loro mi avrebbero trascinato in mare a tutta velocità con una barca.

«NON È PERICOLOSO!» gridavano.

E avevano ragione. Non era pericoloso.

Fin quando non tagliarono la corda.

«NON L'ABBIAMO FATTO APPOSTA!» gridò Giuseppe con delle forbici in mano.

Da quel giorno decisi di non parlare più con i miei amici.

Mia madre mi chiese: «Perché?»

PERCHÉ I MORTI NON PARLANO, MAMMINA.

Li avevo uccisi.

Tutti e 5.

No dai, sto scherzando.

Ne ho uccisi solo 3.

È una battuta, tranquilli. Non sono un killer.

Ma ci sto lavorando.

Ora ho cambiato sport. Corro. Mi piace correre.

Mi piace tantissimo correre.

MI FA AMARE LA VITA, CORRERE!

Dopo aver fatto una rapina soprattutto.

Quelle in banca sono le mie preferite.

NON CI DICONO LA VERITÀ

Evviva chi dice le bugie.

Io le amo le persone che dicono le bugie.

Quindi, amo me stesso.

SE BUGIA FOSSE UN PAESE, IO SAREI IL SINDACO.

Ci vuole coraggio a dire certe bugie. E io ne ho da vendere.

Come quella volta che mia madre mi chiese:

«PERCHÉ HAI FATTO LA PIPÌ SUL PAVIMENTO DELLA CUCINA?!»

E io le risposi: «Mamma, come ti permetti? Non sono così stupido da fare una cosa del genere. Per chi mi hai preso?!»

«Mi hai mandato il video, cretino» mi rispose.

Fatevelo dire da uno come me.

Bisogna nascere bravi, per dire bugie.

E io, modestamente, non ci sono nato.

Tutta colpa di mia madre, quella maleducata.

Mi ha fatto nascere con altri talenti.

Il mio talento è saper sbattere gli occhi velocemente.

Vi sembra un bel talento?

A me per niente.

A cosa potrebbe servirmi nella vita saper sbattere velocemente gli occhi?

Ve lo dico io a cosa.

A nulla.

La prossima volta che fate nascere un bambino, fatelo bugiardo.

Non come mia madre.

Come si fa?

Semplice.

Appena un bambino nasce, guardatelo dritto negli occhi e poi gridate con tutta la voce che avete: **«NON È VERO CHE SEI NATO, È SOLO UN BRUTTO SOGNO».**

Così vi posso assicurare al 100% che diventa bugiardo. Oppure sordo.

In entrambi i casi, quando lo chiamate al telefono vi dirà: «Scusa, non avevo sentito».

Io ho un amico molto bugiardo.
È il mio idolo.
Dice alla mamma che viaggia molto, che è sempre in giro per il mondo, che va sempre in gita con la scuola.
È in carcere da 7 mesi.
E credo ci debba restare ancora per molto.
Il perché non lo so.
O magari non ve lo voglio dire. Chi lo sa.

Io, invece, appena dico una bugia vengo scoperto.
Una volta volevo dirne una a mia madre. Proprio così.
Allora entrai in casa e, prima che aprissi bocca, lei mi disse:
«UHM, QUI SENTO ODORE DI BUGIA».
No, mamma, ti sbagli.
Questo è odore di cacca, quella che ho appena pestato. Fuori dal portone.

Sapete chi è la prima a mentirci?

LA VITA.

Quella maleducata.
Avevo 8 anni quando chiesi a Babbo Natale una nuova bicicletta.
«Se farai il bravo, arriverà.»
Così mi ripeterono per tutto l'anno.
E la sera di Natale, invece della bicicletta, ricevetti uno stupido maglione.
Io mi ero impegnato così tanto a fare il bravo e lui mi portò un maglione?
Chi si crede di essere?!
Mi arrabbiai tantissimo.
Mia mamma si arrabbiò ancora di più, perché rifiutai il regalo. Mi disse che non era colpa di Babbo Natale. Perché Babbo Natale non esisteva più. Da quel giorno Babbo Natale non sarebbe più dovuto esistere.

LUI NON ESISTEVA.

Lo avevo appena lanciato dal quarto piano.
Come avrebbe potuto ancora esistere?
Fammi sapere quando atterri se hai ancora voglia di prendermi in giro.
'Sto cretino.

Sapete qual è la verità?

CHE NON CI DICONO LA VERITÀ.

Mia mamma vorrebbe farmi credere che quando ti tagli un braccio, quello poi non ricresce.
Le ho detto: «Mammina, hai mai provato a tagliarti un braccio?»
NO.
E allora stai zitta.

PRIMA PROVACI, POI FAMMI SAPERE.

Bugiarda che non sei altro.

Oppure quando un mio amico voleva farmi cre-

dere che se si fosse lanciato da quel ponte, come gli avevo chiesto...
non avrebbe rimbalzato.
Le palline di gomma rimbalzano.
Perché lui non avrebbe dovuto rimbalzare?
Mi stai dicendo che una pallina di gomma da 1 euro e 99 sa fare più cose di te?

Una volta un signore voleva farmi credere che le persone di nazionalità diversa da quella italiana fossero un errore.
Un errore della natura.
«Tu sei un errore» gli dissi.
Ma poi ci pensai. Ci riflettei molto. E me lo feci amico.
Gli dissi: «Facciamo un esperimento, ora che sei mio amico. Vediamo se, cadendo da quel ponte, rimbalzi come le palline di gomma».
Lui mi disse che non avrebbe mai potuto rimbalzare. Che era impossibile.
E indovinate?
Per la prima volta, aveva ragione.
La pallina di gomma sapeva fare più cose di lui.

LA NORMALITÀ

Parlano tutti di normalità.
Come se fosse qualcosa che esiste, qualcosa di vero: allunghi le mani, la tocchi a destra e poi a sinistra, è proprio lì... ma *colcavolo* che la puoi toccare.

La normalità non è uguale per tutti e questo ancora molti non l'hanno capito.
Gli adulti pensano che siano normali cose che per noi non lo sono e viceversa.
Mia mamma e mia nonna credono sia normale mangiare come una balena atlantica, altrimenti non cresci.
Secondo mia nonna più mangio e più dovrei crescere.
Con tutto quello che ho mangiato dovrei essere almeno 1 metro e 95... e allora com'è possibile che sono un metro e due scorregge?

Quando ho le scarpe.

Provai a chiederglielo: «NONNA IO MI STO FIDANDO DI TE, MANGIO MANGIO MANGIO, MA NON CRESCO, **IERI HO MANGIATO TUTTI E 7 I PIATTI DI PASTA CHE HAI CUCINATO, COM'È POSSIBILE?**»

E lei mi rispose: «**EVIDENTEMENTE NE DEVI MANGIARE 10**».

Allora iniziai a mangiarne 10.

10 dannati piatti di pasta al giorno. Un'altra persona avrebbe detto: «MA SEI IMPAZZITO?»

Mia nonna invece disse: «Bravo, ma potresti fare di più».

Per lei non ero più un essere umano.

Ero un bidone della spazzatura per tutto il cibo che lei si divertiva a preparare.

Questo ero.

Soltanto che di solito la spazzatura qualcuno la prende e la porta in discarica.
Al massimo io mi prendevo e mi portavo al bagno.
Mi impegnai tantissimo a mangiare tutta quella pasta. Mi fidai.
E alla fine, signore e signori, sono cresciuto.

NON IN ALTEZZA MA IN LARGHEZZA.

La teoria della nonna aveva funzionato.
Hai visto quante cose sa, la cara vecchia?
In un solo mese ero passato da un metro e 70 centimetri che ero, a 1 metro e 70 chili in più che sono diventato.
Fantastico.

La normalità per loro è odiare tutto ciò che non conoscono.
La normalità nostra dovrebbe essere farci domande, essere CURIOSI della nostra vita.
Io, per esempio, sono curioso.
O, come dicono gli altri, non mi faccio mai i fatti miei.
Mia nonna dice che «chi si fa i fatti suoi vive 100 anni».
Ecco perché non mi faccio i fatti miei. 100 anni sono troppi. Io voglio arrivare a 99. O magari a 98. Giusto per fare un dispetto a chi pensava che sarei arrivato a 100.
Non ve la do questa soddisfazione.

Non mi faccio i fatti miei perché la mia vita non è interessante.
Così spero che quella degli altri lo sia.
Per esempio, mi sono sempre lamentato con tutti di essere sfortunato a non aver trovato una ragazza.
Poi ho visto la fidanzata del mio amico e ho capito che ero stato molto fortunato a non averla trovata.
Ecco, ora potete capire a cosa mi è servito farmi i fatti degli altri.
Guardare la gente mi aiuta. Serve a capire che alla fine non faccio così tanto schifo.
Per tutti forse è normale dire: «Guarda, quello è più bello di quell'altro».
Non per cattiveria, ma perché siamo insicuri.
Tutti lo facciamo per insicurezza.
Tranne io. Io sono cattivo. E me ne vanto.

Mia nonna mi dice sempre: «Trova una fidanzatina, io alla tua età ero già sposata!»
La prima cosa che mi sono chiesto è stata: «Davvero mia nonna ha avuto la mia età?»
Stupido io che pensavo fosse nata già vecchia.

La seconda cosa è stata: «Ma se non ricorda se è andata in bagno 5 minuti fa, come fa a ricordare in che anno si è sposata?!»

Ma poi, perché nella vita deve esserci qualcosa di normale?

PERCHÉ NON PUÒ ESSERE UNA COSA NORMALE TUTTO QUELLO CHE CI RENDE FELICI?

Perché devo decidere di sposarmi?
Proprio io, che di mattina non riesco a scegliere che felpa mettere.

IO AMO I VIAGGI

Sono loro che non amano me.

Riesco a sopportare al massimo un viaggio all'anno.

Se diventano due, già è pericoloso.

Io ho il difetto di dimenticare le cose.

Soprattutto quelle importanti.

Il mese scorso dovevo partire per Milano, e dimenticai una cosa importantissima.

PARTIRE.

Mi ero completamente dimenticato che per partire bisogna ricordarselo.

Quello fu il primo volo che persi.

Il primo dei tanti.

E la prima volta non si dimentica mai.

Decisi di tatuarmi un aeroplano, per portare quel giorno per sempre insieme a me.

Non vi dirò mai dove l'ho tatuato però. Scopritelo da soli, se ci tenete tanto.

PERCHÉ DA ME NON LO SAPRETE MAI.

Pensavo che questo tatuaggio potesse aiutarmi a non perdere mai più un aereo.

Potevo guardarlo e ricordare quel giorno bruttissimo.
Potevo guardarlo e imparare a non arrivare in ritardo.
Potevo guardarlo e dire a me stesso di arrivare in aeroporto con il giusto anticipo.
Il problema è che guardare il proprio sedere è più difficile di quanto pensassi.

Quasi impossibile, forse.
Non l'avevo calcolato. E nessuno mi ha fermato in tempo. Come vi siete permessi?

Io sono una persona ottimista.
Infatti, ogni volta che prendo un aereo spero che cada.
Così posso finire sul giornale.

È IL MIO SOGNO, FINIRE SU UN GIORNALE.

Ma non uno di quei giornali che le persone leggono mentre sono sul water.
Uno di quelli belli, che leggono le persone intelligenti. Quelli che io non ho mai letto, capito?
Infatti non salgo mai vestito male su un aereo.
Che idea si farebbero di me le persone?
«Guarda 'sto sfigato, è precipitato ed era pure vestito male.»
Quando so che devo prendere un aereo metto la camicia e sistemo i capelli.
Non si sa mai nella vita, magari ho fortuna e finisco in prima pagina come «il morto più bello dell'anno».
Ogni volta che viaggio sono felicissimo.
Perché in ogni viaggio perdo sempre qualcosa.
È bello perdere le cose, così posso ricomprarle.
Posso sceglierle di nuovo.

Posso spendere altri soldi, per comprare qualcosa che già avevo.

È FANTASTICO.

Una volta ero in viaggio con la mia famiglia e ho perso mia madre.
Ne ho ricomprata un'altra, fatta meglio.
Un po' più simpatica, solare, muta e sorda. Soprattutto muta e sorda.
Così ho risolto tutti miei problemi.
Non c'è più qualcuno a svegliarmi la mattina.
Capite perché perdere le cose non è poi così male?

PROVATE E POI DITEMI.

Ma quando sono in viaggio succedono anche tante cose belle.
Per esempio, una volta persi il bagaglio di una vecchietta che mi aveva chiesto aiuto per portare la sua valigia.

LO PERSI APPOSTA.

Non una vecchietta normale eh, a una così non lo farei mai.

Era una vecchietta che stava proprio bene ed era felice.
Mi dissi: «Come si permette questa di essere felice in viaggio?»
Perché i grandi, quelli sempre in giacca e cravatta, mi hanno insegnato che quando sei in viaggio devi far finta di essere sempre arrabbiato e di fretta.
Così le persone ti prendono sul serio.
Io invece faccio tutto il contrario.

VADO IN GIRO SORRIDENDO.

Pensavo che le persone, vedendomi, potessero diventare felici.
Pensavo male, mi hanno detto.
Chi è che prenderebbe sul serio uno che va in giro con la faccia paralizzata così?

SONO UNA PERSONA FORTUNATA.
MOLTO FORTUNATA.

Infatti la cosa che perdo più spesso durante i viaggi è la carta d'identità.
Ma la carta d'identità, io la perdo apposta.
La lancio in giro e poi dico a tutti di averla persa.
E tutti ci credono.
Che sfigati.
Lo faccio perché la mia carta d'identità mi insulta.
Dice che sono alto solo 1 metro e 65.
Ma come si permette?

Ci vorrebbe un po' di rispetto.
Allora la perdo, così posso rifarla.
Sperando che la volta dopo dica che sono alto almeno 1 metro e 80.
Durante l'ultimo anno l'ho rifatta 10 volte.
E la mia tattica ha funzionato molto bene.

MA CHE DICO MOLTO BENE, BENISSIMO.

Sono passato da 1 metro e 65 a 1 metro e 66.
Se la rifaccio altre 50 volte, magari, mi fanno arrivare a 1 metro e 70.
Sono troppo furbo per voi.

NON MI AVRETE MAI.

Per questo, alcune volte, io la mia carta d'identità la insulto.
Giusto per farle capire chi comanda.
Perché vuole dire a tutti chi sono io.
Anche alle persone che non mi conoscono.
E per dire chi è una persona prima bisogna conoscerla.

NON SI GIUDICA MAI DA UNA FOTO.

Soprattutto, se è quella della carta d'identità.

Quindi ora prendete la vostra carta d'identità e sfogatevi.

Fategli capire chi comanda.

'Sta maleducata.

Estate

I RAPITORI

Se c'è una cosa di cui posso andare fiero sono le mie paure.

NE HO TANTISSIME.

Ho provato a contarle.

Ma mi sono addormentato.

Erano troppe.

E sono una diversa dall'altra.

Le mie non sono delle «paure normali».

Paure normali e ovvie come la paura del buio o di avere un bidello che non pulisce nulla e si lamenta se trova sporco. No.

Io ho paure molto più strane.

Per esempio, ora che sono cresciuto ho paura dei rapitori.

Da piccolo no.

Chi avrebbe rapito un bambino rompipalle come me?

Nessuno.
Per questo mi sentivo escluso.
Perché nessun rapitore sognava di rapirmi.
Vedevo i bambini che andavano a giocare al parco e chiedevo a mia madre: «Mamma, perché oggi loro potrebbero avere la fortuna di essere rapiti e io no?»

NON HO MAI RICEVUTO UNA RISPOSTA.

Ora che sono grande, me la do da solo.
Facevo troppe domande alle persone.
Pensate che una volta feci così tante domande a mia madre che mi fece SCENDERE dalla macchina.
Il problema è che non si fermò per farlo.
Non fu per niente bello.
Un'altra volta mio nonno venne a prendermi a scuola.
Gli feci così tante domande che mi disse: «Aspetta che vado a vedere che cosa c'è sul fondo di quel burrone per vedere se mi piace!»
Qualunque cosa abbia trovato, credo che gli

sia piaciuta. Perché da quel giorno non l'ho più sentito.

Un'altra paura di cui vado fiero è quella dei pelati.

Non ho nulla contro i pelati eh. Anzi, in fondo gli voglio anche bene.

Ma non so mai che cosa aspettarmi da un pelato.

UN PELATO HA SEMPRE QUALCOSA DA NASCONDERE.

I capelli, per esempio.
Quelli li nasconde sempre.
Ma non li trova mai. E questa cosa non mi piace per niente.

Ho paura anche di chi dice che sa fare tutto nella vita.

I PRESUNTUOSI MI FANNO PAURA.

Avevo un amico che diceva sempre: «Io so fare tutto, IO SO FARE TUTTO».
Non sapeva aprire le porte, però.
Non sapeva aprire nessuna porta.
O almeno non quella del mio ripostiglio.
Dove lo tengo prigioniero da 6 mesi. Senza acqua e senza cibo.
Forse dovrei andare a fargli visita. O forse no.

Io avevo un amico che amava tutte le cose che a me facevano paura.

Si chiamava Luca.

Io avevo paura dei gatti e lui aveva 3 gatti in casa.

Io avevo paura degli uccelli e lui aveva 5 uccelli in casa.

Io avevo paura dei ragni e lui aveva 8 ragni in casa.

Ora la mia domanda è: «Luca, perché avevi uno zoo in casa?»

IL MARE

Il mare non mi è mai piaciuto.

Neanche quando ci andavo per lavarmi perché non c'era acqua a casa.

NON L'HO MAI SOPPORTATO.

Non capisco perché le persone paghino per andare in vacanza al mare.

Dovrebbe essere il mare a pagarmi.

E forse un pensierino potrei farcelo.

Cosa ci trovate di bello in una grande pozzanghera piena di animali?

Non capisco perché dovrei fare il bagno in mare.

Dove chiunque fa la pipì.

Vi chiederete: come fai a sapere che le persone fanno la pipì in mare?

Perché di solito la faccio anch'io.

Anzi, se volete la verità, io faccio il bagno solo per fare la pipì.

E vado di proposito vicino alle persone. Quelle che non conosco.
Oggi l'acqua è bella calda, eh?

VI PIACE?

Ringraziatemi, almeno.
Non chiedo tanto.

Il mare non mi piace perché ho dei brutti ricordi.
Da piccolo amavo i pesci.
Giocavo sempre insieme a loro.
Avevo 8 anni quando trovai un pesce molto strano.
E iniziai a giocarci.
Ci giocai tutto il giorno.
Ero felicissimo perché ero convinto di aver scoperto una nuova specie.
Finché non mi dissero che era un bel pezzo di cacca. Fatta da qualcuno.

CAPITE PERCHÉ ODIO IL MARE?

Come vi sentireste se vi dicessero che avete giocato per 7 ore con un pezzo di cacca?
Ecco. Mi sentivo proprio in quel modo.

Non era la prima volta che succedeva qualcosa di brutto.

Da piccolo ero diverso.

AMAVO GLI ALTRI, LE PERSONE.

Infatti, quando al telegiornale parlavano di qualche fatto di cronaca, io dicevo:

«MA COME FA UN UOMO A UCCIDERE UN ALTRO UOMO? NON CAPISCO. COME FA UN ESSERE UMANO A UCCIDERE UN ALTRO ESSERE UMANO? NON CAPISCO».

Poi un mio amico cercò di affogarmi in mare e allora dissi:

«OK, ORA CAPISCO».

"Non gli farò del male" pensai.

Ma avrei voluto farlo.

Non perché ero arrabbiato con lui, eh.

Ma perché sapeva troppe cose di me.

Dopo aver tentato di affogarmi, non mi potevo fidare.

Da quel giorno ho continuato ad andare al mare, ma non ho più fatto il bagno.

Giocavo con i miei amici sulla spiaggia.

Giocavamo a calcio.

E io per fortuna, almeno lì, avevo il ruolo più importante di tutti.

IL PALO.

Della porta.

L'unica regola che dovevo rispettare era quella di non muovermi finché non mi avessero detto che la partita era finita.

Tutto andò bene. Perché le prime 5 volte avevamo giocato, ci eravamo divertiti e poi a ogni fine partita loro dicevano: «Gabriele ora puoi smettere di fare il palo».

Alla fine della sesta partita tutti andarono a comprare da bere.

«Torniamo subito» mi dissero.

CERTO. NON TORNARONO PIÙ.

"E se mi muovo e poi pensano che faccia schifo come palo?" pensai.

Nessuno può dirmi una cosa del genere: in questo campo sono il migliore.

Infatti non mi mossi, neanche di un centimetro.

Per fortuna poi tornarono.

Dopo 3 giorni e 2 notti, però.

«Abbiamo dimenticato il pallone!» mi dissero.

Non dovremmo trattare male il mare.
Poverino, non è colpa sua se è una pozzanghera gigante.
Non dovremmo buttarci dentro qualsiasi cosa.
Plastica, spazzatura. Non dovremmo farlo.

NON È UNA BELLA COSA.

Vi piacerebbe se venissi nel vostro bagno e ci buttassi un quintale di plastica?
Non credo proprio.
Rispettiamo il mare. Rispettiamolo tutti. Amiamolo e non inquiniamolo.
Perché ne abbiamo solo uno. E non possiamo distruggerlo.
Altrimenti poi dove vado a fare la pipì d'estate?

ANCHE LE DONNE FANNO LA CACCA

Nella storia le persone si sono sempre fatte delle domande.

DELLE DOMANDE DIFFICILI.

Domande di cui non si conosce la risposta.
Tipo:
«Gli alieni esistono?»
«Cosa c'è dopo la morte?»
«Le donne fanno la cacca?»
Io da piccolo avevo trovato la risposta. Ma solo alle prime due.
Quando mi dissero che anche le donne facevano la cacca ci rimasi male.
La prima cosa che pensai fu: "DA DOVE LA FANNO?"
E quando me lo raccontarono, il mondo mi crollò addosso.

La mia vita non aveva più un senso.
Mia mamma, quella bugiarda.
Me l'aveva tenuto nascosto.
Una cosa così importante.

COME SI ERA PERMESSA?

Come si era permessa di fare la cacca di nascosto?
Chissà quando la faceva.
Quando io dormivo?
O andava a farla a casa di qualcun altro?
Resterà per sempre un mistero.
Dopo aver capito che anche le donne fanno la cacca, pensai: "Quindi anche loro sono delle maleducate?"
Perché da piccolo ero convinto che fare la cacca fosse maleducato.
Ora invece penso che la cacca sia una cosa normale. Una cosa da persone MOLTO EDUCATE.
Infatti, quando vado a casa della gente che non conosco, per prima cosa la faccio in salotto.

Prima degli otto anni pensavo che le donne fossero dei maschi con i capelli lunghi.

Quando scoprii che esistono anche i maschi con i capelli lunghi e le donne con i capelli corti, ebbi un trauma.

NON CI CAPIVO PIÙ NULLA.

Un po' come quando tua madre sbaglia e nel dolce mette il sale al posto dello zucchero.

Da quando ho capito che non sono solo i capelli a distinguere un uomo da una donna la mia vita ha ripreso ad avere un senso.

Peccato che io l'abbia scoperto a 18 anni.

10 anni di ritardo.

Non sono tanti, dai.

Di sicuro ho fatto meno ritardo dei treni italiani.

Quando alle scuole medie cominciai a notare che alle mie compagne crescevano le tette, le guardavo e pensavo: "Poverine, sicuramente avranno qualche malattia che le fa ingrassare solo lì".

"Chissà che cosa gli danno da mangiare i genitori, per ritrovarsi quelle due palle sul petto."

Pensavo.

Quando mi hanno detto che era normale che le ragazze «crescessero» in quel modo, ci sono rimasto male. Non me lo sarei mai aspettato.

ERO INVIDIOSO.

Loro mangiavano e le loro tette diventavano grandi.
Io mangiavo e l'unica cosa che cresceva era la pancia.
Perché?
Perché questa ingiustizia?

Ora per fortuna ho capito tutto.
Ho capito come funziona.
E ora che ho capito, avrei preferito non capire.
Avrei preferito non scoprire che alcuni uomini pensano di essere più intelligenti delle donne, che si sentono migliori.
Perché alcuni uomini pensano questo?
Ve lo spiego io.
Perché sono invidiosi.
Anche loro volevano nascere donna.

È QUESTA LA VERITÀ.

Perché si dice «AUGURI E FIGLI MASCHI»?
Siete impazziti?

Quando vedo una donna incinta io dico «Auguri e figlie femmine».
Perché?
Semplice.
Più donne ci sono al mondo, più aumentano le possibilità che io trovi quella che mi sopporta.
Mia mamma ha sempre detto: «SEI INSOPPORTABILE, NON TROVERAI MAI UNA RAGAZZA PRONTA A SOPPORTARTI».
Allora ho pensato che se nascono solo donne, avrò più possibilità.
Quando vedo che nasce un maschietto mi sento offeso.
Con la vita.
Perché capisco che mi odia.
Capisco che vorrebbe farmi rimanere single per tutta la vita.

ALLORA INSULTO LA VITA.

Me la prendo con lei.

Amatele, le donne.
E se proprio non le volete amare, amate gli uomini.

AMATE QUALCUNO.

Basta che non amiate quelli che non si lavano. Quelli meritano di non essere amati da nessuno. Neanche da loro stessi.

I BAGNI PUBBLICI

Ho avuto delle brutte esperienze con i bagni pubblici.

Io i bagni pubblici li odio.

Per questo ogni volta che ne vedo uno,

CI ENTRO.

E ci sto le ore, così fuori si forma una fila di persone inferocite

Che mi denuncino pure, i bagni pubblici. Non ho paura di loro.

Ci sarà un motivo se nessuno li ama, no?

Nella mia vita ho conosciuto soltanto una persona che amava i bagni pubblici.

Un mio amico.

Mi disse: «Io amo entrare nei bagni pubblici e guardarli!»

Dopo un mese scoprii che era cieco.

Mi aveva preso in giro.

'Sto cretino.

Io in realtà ho paura dei bagni pubblici.

È questa la verità.

Non mi giudicate.

Nei bagni pubblici mi sono successe cose bruttissime.

Come tutti i ragazzi, non dimenticherò mai quando vidi la mia prima donna nuda.
È successo proprio in un bagno pubblico.
Mi arrivò un'IMMAGINE. Sul telefono.
E gridai: «Nonna dai, non mi inviare le tue foto».
Avrà sbagliato numero la vecchia?

LO SPERO.

Ho sempre avuto dei problemi con i bagni.
Quando ero piccolo prendevo a calci la porta.
Ricordo che mia mamma mi diceva sempre: «Smettila, tanto non ti faccio uscire».

Nel centro commerciale dove andavo sempre c'era un signore molto strano che puliva i bagni.
Non era cattivo, non fraintendetemi.
Per esempio, non l'ho MAI - e dico MAI - visto spiare qualcuno in bagno.
Perché era troppo veloce a farlo.
Per questo.
Io ero più furbo.
Sapevo quel che faceva e non dicevo niente.

Finché non scoprii che quella donna che spiava sempre in quel bagno...
ero io.

E QUESTO NON MI PIACEVA PER NIENTE.

Ma non tutti i bagni sono uguali.
Ovvio.
Io amo fare i test.
E una volta feci una prova in un bagno.
Passai il dito per terra.
Era pulitissimo.
Non mi era successo niente e finalmente mi trovavo in un bagno pubblico serio.
Soltanto dopo il dito mi cadde.
Chissà cosa avrà pensato lo spione quando lo trovò.

IL MIO PRIMO APPUNTAMENTO

Sapete perché il primo appuntamento fa sempre schifo?

Perché è il primo.

È la prima volta che fai quella cosa.

Non l'avevo mai capito.

Ero convinto di riuscire a fare qualcosa anche se non l'avevo mai fatto prima.

Come quando guidai la macchina per la prima volta.

AVEVO 15 ANNI.

«Anche se non ho la patente sono davvero bravissimo a guidare!»

Questo dissi alla polizia quando investii quella vecchietta.

Ma tranquilli è andato tutto bene alla fine.

Le hanno tagliato solo un piede.
Tanto che le serviva.
No?

Io odio le prime volte per questo.
Perché le prime volte fanno sempre schifo.
Ora ho capito che devo chiedere aiuto.
Se è la prima volta che faccio qualcosa, prima di farla davvero, la faccio con qualcuno che conosco bene.
Per esempio mia nonna.
Ho fatto una prova con mia nonna, prima di guidare la macchina.
Ho fatto una prova con mia nonna, prima di uscire con una ragazza.
Ho fatto una prova con mia nonna, prima di dare il primo bacio.

FORSE QUESTO
NON LO DOVEVO DIRE.

Al mio primo appuntamento con una ragazza ero nervosissimo.
Mia nonna mi ha aiutato.

Mi portò nel ristorante che avevo scelto.
Mi disse di comportarmi come se lei fosse la ragazza con cui sarei uscito.
Così quando arrivò il cameriere, dissi alla nonna:
«Amore mio, tu cosa prendi?»
Il cameriere rimase sconvolto. Mi chiese: «Ma state insieme?!»
Io, naturalmente, gli spiegai subito come stavano le cose. Infatti la mia risposta fu:
«Che vuoi, mi piacciono le vecchie! Be'?»
Fu una serata fantastica.
Una serata che mi ha insegnato molto.
Che mi ha fatto capire davvero tante cose.
Non dimenticherò mai nessun istante di quella serata.
Soprattutto quando arrestarono mia nonna perché era fidanzata con un bambino.
Per fortuna tutto si è risolto quando sono andato alla polizia a dire la verità.
Sono andato lì e gliel'ho detto. Gli ho detto che era mia nonna.

L'HO FATTO DOPO UN ANNO, PERÒ.

Era giusto che stesse un po' in carcere.
Dovevo dimagrire, nonnina.

Le mie prime volte sono sfigate.

Tutte quante.

Qualsiasi cosa io faccia per la prima volta mi va male.

SEMPRE.

Per esempio la prima volta che mia zia ha partorito.
Non sapevo come funzionasse, avevo solo 10 anni.
Mi svegliarono i miei parenti durante la notte, bisognava correre in ospedale e io non potevo restare a casa da solo.
Dalla sala d'aspetto sentivo delle urla fortissime.
Sentivo urla e grida.
Urla e grida di mia zia.

ERO AGITATO.

Per questo dopo cinque minuti di urla e grida mi alzai in piedi e dissi:
«Fidatevi di me, qui la situazione è brutta! Vado a controllare...»
Per fortuna. E dico per fortuna, mia madre riuscì a bloccarmi.
Dopo che aprii la porta e vidi tutto quello che non dovevo vedere.
Quello che **nessuno** dovrebbe mai vedere.
Nel frattempo ho scoperto che non potevo essere utile.
Non potevo esserlo proprio per niente.

Fortunatamente l'ho presa davvero bene.

NON HO DORMITO PER SETTE MESI.

Avevo paura. Vivevo nella paura.

Ogni giorno mi facevo domande. Ogni giorno mi chiedevo:

"E se rimango incinta, che faccio?"

Poi scoprii che i maschi non fanno bambini.

E non chiedetemi come.

Quindi non abbiate paura di fare qualcosa per la prima volta.

Non sentitevi da meno.

Non sentitevi giudicati dagli altri perché pensate di non saper fare qualcosa.

Non fatevi fermare dalla paura di sbagliare.

NON FATEVI FERMARE DA NIENTE.

E ricordate.

Non aprite mai la maledetta porta dietro cui qualcuno sta per partorire.

LE CENE CON GLI AMICI

Mi sono sempre state antipatiche le cene con gli amici.

Le cene con gli amici a casa mia, intendo.

Perché devo condividere il mio cibo con gli altri, quando potrei mangiarlo solo io?

Tutto io.

Non condivido niente con gli altri.

Neanche il bagno.

Io uso il mio, voi usate il vostro.

Perché quando venite a casa mia, anche per pochi minuti, mi chiedete di andare in bagno?

Vi ispira?

Non mi sembra che io venga a farla a casa vostra.

Ognuno la faccia nel proprio bagno, per favore.

Non contaminatemi l'aria.

GRAZIE.

Maleducati.

I miei amici dovrebbero organizzare più cene.
Molte di più.
Così io potrei inventarmi più scuse per non andarci.
Vi ringrazio. Perché mi fate allenare.
«Scusami, mia zia è morta e non posso venire» ho detto l'ultima volta che mi hanno invitato a una cena.
«Ma hai appena postato una storia su Instagram e sei in spiaggia a divertirti!» mi hanno risposto loro.
Non ce l'ho neanche una zia. Figurati se vado al suo funerale.
Che cosa ne sapete voi?

FATEVI I FATTI VOSTRI.

Impiccioni maleducati.

Mi invitavano alle cene. E dovevo portare pure da mangiare.

Allora che cosa mi invitate a fare?

Dove sta la soddisfazione, se devo portarmi da casa il cibo?

Io vengo alla tua stupida cena solo per il cibo.

Solo per mangiare gratis.

Solo per il gusto di farlo.

Non perché sei mio amico.

È come se uno ti dicesse: «VIENI ALLA MIA FESTA DI COMPLEANNO?»

Tu gli rispondi di sì.
E lui: «Però compra una torta, ognuno se la porta da casa. E non dimenticare le candeline».
A questo punto mangiamo ognuno per i fatti propri.
Ci vediamo dopo.
«Ma è per parlare e stare insieme!» dicono gli amici.
Mia nonna dice sempre: «Non si parla mentre si mangia».
Lo dice ormai da 70 anni.
Vorreste dire a una vecchia che per 70 anni ha detto una cretinata?
Chi vi credete di essere?
Nessuno. Ecco chi siete.
Allora non dite che possiamo parlare mentre mangiamo.
Perché non ci credo.

Mangiare con gli altri è difficile.
A me non piace essere guardato mentre mangio.
E i miei amici mi guardano.
Non capisco perché mi guardino sempre.
Come se non avessero visto mai nessuno mangiare un topo.

No dai, scherzo, non potrei mai mangiare un topo.

NON LO FAREI MAI.

Che schifo.

Io sono una persona normale.

Per questo ho mangiato un gatto.

Vivo.

E se posso dirvi la verità, mi è anche piaciuto.

Scherzo, non l'ho mai fatto.

Però conosco alcuni che mangiano cose ancora più strane.

Un mio amico una volta a cena portò da mangiare.

Del pane preparato senza latte, senza farina e senza sale.

Che cosa c'è dentro?

Plastica?

È un pane senza pane?

Non ti vergogni?

Secondo te, il pane normale non si offende se fai una cosa del genere?

SEI UN INSENSIBILE.

Ecco quello che sei.

Una volta stavamo mangiando a casa mia e una mia amica mi chiese: «Per caso hai delle gallette di riso integrale cotte al vapore in Kazakistan?»

«Che sfiga, le ho finite proprio oggi...» risposi.

Ma che cosa mangiate? Non vi vergognate?

Ci vorrebbe un po' di rispetto verso il cibo normale.

Questo è quello che ci vorrebbe.

Inviterei soltanto una persona a cena.

Questa persona però è davvero speciale.

È una persona bellissima. Una persona che amo tantissimo.

ME STESSO.

Una bella cena con me stesso.
Ho provato a chiamarmi con il mio telefono per invitarmi, ma trovavo sempre occupato.
Me stesso è proprio un maleducato.
Allora ho scritto un bigliettino.
«Caro me stesso, vorrei invitarti a cena, accetti?»
Mi ha risposto dopo due giorni.
Mi ha fatto aspettare.
Alla fine è andata come mi aspettavo.

Volete la verità?
Cenare con me stesso ha fatto schifo.
Me stesso è arrivato in ritardo.
E indovinate chi ha pagato alla fine?
Io.
Come si è permesso me stesso di farmi pagare?
Allora abbiamo litigato. Siamo arrivati anche a tirarci uno schiaffo.
E indovinate chi si è fatto male?

ME STESSO.

Io e me stesso non usciremo più insieme.

Me stesso mi sta proprio antipatico.

SONO SINGLE

Mi vergogno un po' a dirlo.

Mi vergogno di me stesso.

Ma sono stato fidanzato.

Non vorrei che fraintendeste.

Non vorrei che capiste cose non vere.

È successo tanto tempo fa.

Non lo sapeva nessuno.

MANCO LEI.

Stavo con lei e non lo sapeva.

Ecco perché quando le scrissi: «Ti lascio».

Mi rispose: «Chi ti conosce?»

Ecco perché.

Ora si spiegano tante cose.

Me ne vergogno.

Ma è successo.

SONO STATO FIDANZATO.

Io non capisco perché tutti cerchino una persona con cui fidanzarsi.
Perché volete avere anche voi questa malattia?

CHI SI FIDANZA È MALATO.

Sì. Avete capito bene.
Se ti fidanzi inizi a ingrassare.
Se ti fidanzi non hai più soldi perché devi comprare regali.
Se ti fidanzi devi andare fuori a cena e pagare per tutti e due.
Ditemi se questa non è una malattia.
Una malattia bruttissima.
Un mio amico una volta mi disse: «Ti devo dare una bella notizia: mi sono fidanzato».
«Se ti avessero tagliato una mano la notizia come sarebbe stata? Bellissima? Favolosa? Stupenda?»

Devo dire che anch'io una volta mi sono innamorato.
Mi sono innamorato follemente.

AVEVO PERSO LA TESTA.

Ora infatti è molto difficile parlare di una persona così importante e speciale per me.

ME STESSO.

Avete capito bene.

Io mi sono fidanzato da solo.

E mi messaggiavo pure.

Mi ero comprato due telefoni.

Da uno mi scrivevo: «Mi manchi».

Dall'altro mi rispondevo: «Pure tu».

Geniale.

Sono fiero di essere single.

Anche perché è bello insultare gli ex e le ex.

DÀ SODDISFAZIONE.

L'altro giorno infatti ho chiamato la mia ex e ho iniziato a dirle tutto quello che pensavo di lei.

Ero arrabbiato per tutte le cose brutte che mi aveva fatto.

Lei era cattivissima con me.

Le ho detto: «Sei una brutta persona, ho fatto bene a lasciarti! Ti mancano i miei baci? Eh?»

Lei però non rispondeva. Stava zitta.

Forse perché avevo ragione?

Io ho continuato: «Dimmi se ti mancano i baci fantastici che ti davo sul collo, dimmelo».

Lei però non rispondeva. Stava zitta.

Ero sicuro di avere ragione.

Quindi ho insistito: «Dimmi se ti mancano le mie foto scattate allo specchio del bagno. Dimmelo. Dimmelo ora».

«Gabriele che vuoi? Sono la nonna!» mi ha risposto.

Mi sa che avevo sbagliato numero.

Ma può succedere.

È IMBARAZZANTE ESSERE FIDANZATI.

Perché dovrei baciare la bocca di un'altra persona?

La prima volta che diedi un bacio pensavo proprio a questo.

«Chissà se questa ragazza si sarà lavata i denti prima di baciarmi.»

PERCHÉ PENSAVO QUESTO?

Perché io non li avevo lavati.

E magari era una come me.

È imbarazzante conoscere i genitori della propria fidanzata.

Una volta lo feci.

Ero fidanzato con una ragazza.

Mi presentò sua mamma e suo padre.

Due persone fantastiche, devo dire.

Prima di conoscerle avevo paura.

Ma quando ci parlai sembrava di essere subito una famiglia.

Sembrava che fossi già parte della loro famiglia.

Sembrava che mi conoscessero da anni.

Forse perché suo padre era mio zio?

E la ragazza era mia cugina.

Come ho fatto a non accorgermene prima?

Per fortuna stavamo insieme da poco.

SOLO 2 ANNI.

Quando sei fidanzato sei anche costretto a fare i regali.

E io i regali non li so fare.

Agli altri.

A me stesso li so fare benissimo.

Infatti, quando vado al centro commerciale, compro qualcosa che mi piace, mi faccio fare la confezione regalo e poi lo metto sulla mia scrivania.

Metto anche un bigliettino: PER GABRIELE.

Lo apro e mi ringrazio. Anche questa volta mi sono fatto un bel regalo.
Complimenti a me.

È proprio così.

IO NON RIESCO A FARE I REGALI AGLI ALTRI.

Quando ero fidanzato, mi feci aiutare da mia madre.
Lei è molto brava in queste cose.
Infatti alla fine mi fece comprare un paio di orecchini fantastici.
Erano gli orecchini più belli che avessi mai visto.
Ero sicurissimo che alla mia ragazza sarebbero piaciuti tantissimo.
Peccato le mancasse un orecchio.

CHE BRUTTA FIGURA.

Per fortuna riuscii a recuperare dicendole: «Vabbè, uno me lo restituisci visto che non ti serve».

Per questo ho fatto una scelta.

Ho deciso che l'unica persona che amerò alla follia sarò io.

ME STESSO.

Almeno non devo pagare per due quando usciamo a mangiare fuori.

Autunno

C
A
B

IL MIO PAPÀ

Non so se da grande voglio fare il papà.

Non so se ci riuscirei.

Già non so prendermi cura di me stesso, figurati di un'altra persona.

Che fa la cacca senza neanche chiedere il permesso.

Ma come si permettono i bambini?

Non lo so, sono proprio indeciso.

E se dopo aver fatto un bambino non lo volessi più?

POI COME FAREI?

Mi hanno detto che se non hai lo scontrino non puoi riportarlo indietro.

Mica è facile fare il papà.

I papà sono quelle persone di cui puoi fidarti.

SEMPRE E COMUNQUE.

Al contrario di una mamma.

Se fai qualcosa di sbagliato, mai raccontarlo a tua mamma.

Per esempio, una volta mi feci la pipì addosso.

Ma tranquilli, ero davvero piccolo.

Avevo solo 16 anni.

È normale farsi la pipì addosso a 16 anni.

Non è normale? In che senso?

Ormai è troppo tardi. Quello che esce da lì non ritornerà mai indietro.

Mi feci la pipì addosso e lo dissi a mio papà.

Gli dissi: «Oddio che imbarazzo, ora che lo sai lo dirai a mamma, vero?»

Lui con tutto l'amore del mondo, mi guardò dritto negli occhi e mi disse:

«Assolutamente no. Ti voglio troppo bene per farti una cosa del genere. Non lo dirò mai a tua madre.

PERÒ LO DIRÒ A TUTTI GLI ALTRI.»

Da piccolo volevo un fratellino.

Ora che ne ho uno, vorrei non averlo.

Non è cattiveria.
È giustizia. Avete capito bene.
Vi immaginate se un giorno dovessi essere il padre di due fratelli?
Impazzirei.
Per questo capisco mio padre.
Che per semplificare le cose ha una sola regola: quando io faccio qualcosa di sbagliato è colpa mia. Quando mio fratello fa qualcosa di sbagliato è colpa mia.
Come scoprii questa sua regola gli feci una semplice domanda:
«Quindi in questa casa sono solo io il cretino?»
«Sì» mi rispose.
Lo sapevo già. Ma non gliela do la soddisfazione di dire che ha ragione.
Penso sia proprio difficile fare il papà.
Soprattutto da quando ho scoperto che neanche ti pagano.

MA STIAMO SCHERZANDO?

Queste si chiamano ingiustizie. Ecco come si chiamano.
Un padre in casa deve essere anche un poliziotto.

E io sono sempre quello che viene arrestato.

Com'è possibile?

Qui c'è qualcosa che non quadra.

Una volta io e mio fratello litigammo.

Di nuovo.

Io ero seduto e lui mi guardava.

MI GUARDAVA.

Gli ho detto: **«Scusami, ma che ti guardi?»**

E lui: «Perché, non ti posso guardare?»

«Direi di no, visto che sono al bagno.»

Esci. Esci.

ESCI!

È stata lo stesso colpa mia.

«La prossima volta ti chiudi a chiave e, se continua, chiama la polizia» mi disse mio padre.

Certo, la prossima volta magari lo denuncio pure perché non posso stare sul gabinetto senza uno che mi guardi.

Chi non lo farebbe?

Ora che ci ripenso.

Era bello farsi dare la colpa sempre da mio padre.

Dico era.

Perché ora non me la dà più.

Sono riuscito a risolvere questo problema?

No.

Non lo vedo ormai da 5 anni.

E lo ammetto. Pur di risentire la sua voce mi farei dare la colpa tutto il giorno per cose che non ho fatto.

Lui non c'è più.

Mi sono chiesto se fosse colpa mia anche questo.

È stata l'unica volta in cui non ho saputo dare la colpa a mio fratello.

Ho preferito dire a me stesso che ero stato io.
Anche Gabriele, quello cattivo, in quel momento non sapeva con chi prendersela.
Io che mi sono sempre divertito a dare la colpa agli altri.
Io che avevo sempre la soluzione a tutto, non sapevo cosa fare per riavere indietro il mio papà.
«È volato in cielo» mi dicevano tutti.
Allora avevo finalmente trovato la soluzione.
Avevo capito che cosa fare.
Ero sicuro che lanciarmi dal secondo piano e provare a volare fosse una grande idea.
Ci ho ripensato quando mi sono svegliato con 2 gambe rotte in ospedale.
Spero tu possa leggere tutto questo.
Ovunque tu sia.
Ciao anche dal Gabriele cattivo.
Come ultima cosa ti avrei detto:
«Non era colpa mia quando la nonna è caduta dalle scale».

SONO SEMPRE IL PIÙ BASSO

Ovunque vada, sono sempre il più basso.
E questa cosa mi piace.
Perché mi hanno detto che **i più bassi hanno una vita più bella**.
Vivranno di più.
Chi me l'ha detto?

IO.

Me lo sono detto da solo. Qualche problema?
Basta battute contro i più bassi.

BASTA RIVALITÀ TRA BASSI E ALTI.

Basta prendersela con una persona soltanto perché è troppo alta o troppo bassa.
Dovremmo prendercela con chi è alto normale.

Loro sì, che sono delle brutte persone.
Ho sentito dire che chi è «alto normale» a 33 anni soffrirà di cacarella fulminante.
Io non lo so che cos'è la cacarella fulminante.
E non l'ho neanche cercato su Internet.
«Perché sei troppo pigro?» direte voi.
No, perché voglio godermi la sorpresa. Quando gli verrà.

Però non sono sempre stato il più basso.
Una volta sono stato il più alto di tutti.

ERO FELICISSIMO.

Perché non è male guardare le persone dall'alto.
Anzi, è fantastico.
Ero il più alto e insultavo gli altri.
Mi emoziono soltanto a raccontarlo.
Proprio mentre stavo insultando quelli più bassi di me, capii che quei nani erano i miei cugini. Di 3 anni.

Ecco perché ero il più alto. Ora si spiegano tante cose.
Si spiega anche il fatto che, invece di rispon-

dere agli insulti, mi hanno lanciato addosso dei biberon.

Erano bambini piccoli.

Comunque non sto scherzando.

SONO SERIO.

Ero davvero il più alto. Davvero.

Lasciatemele, queste soddisfazioni.

È difficile essere sempre il più basso.
Anzi, è impossibile.
Ecco perché mi chiedo come io riesca a esserlo ogni volta che esco.
Sapete quando da piccoli vi dicono «Resta in piedi, altrimenti non cresci»?
Quando me lo dicevano, io mi sedevo sempre.

Mi sono sempre chiesto perché sono nato basso.
Allora l'ho chiesto a mia madre e lei mi ha risposto: «Sei basso perché io e tuo papà siamo bassi!»

TUTTA COLPA DI MIA MADRE.

Lo sapevo.
Anche questa volta.
Come si è permessa di farmi più basso degli altri?
Quando le ho dato la colpa si è pure offesa.
«Ma non è colpa mia se io e tuo padre siamo bassi» mi ha detto.
Invece è proprio colpa loro.
Siete egoisti. Questo, siete.

Perché fare un figlio se siete due nani di Biancaneve?
Perché farlo e condannarlo a essere uno gnomo?
«Se mi avessi davvero voluto bene, avresti scelto come padre di tuo figlio un uomo più alto.» Questo, ho detto a mia madre.
Andavi da uno alto che non conoscevi e gli dicevi: «Salve signore, potremmo fare un figlio?»
Invece mia mamma è stata egoista. E mi ha fatto con mio padre. Per questo sono basso.

CHE MALEDUCATA.

Quindi, per colpa loro, ovunque vada sono il più basso.
Però, a pensarci bene, questa cosa ha i suoi vantaggi.
Perché così faccio fare le cose agli altri e do la colpa alla mia altezza.

«Mi prendi lo zucchero, che è in alto e non ci arrivo.»
Perché è questa la verità. È ciò che riesce meglio a noi bassi: sfruttare gli altri per fare le cose al posto nostro.

QUINDI, IMPARATE AD AMARVI.

Alti, bassi, qualsiasi sia la vostra altezza.
Perché è bello essere alti ed è bello essere bassi.
Perché se non ci fossero entrambi la vita non sarebbe la stessa.
Anzi, la vita sarebbe totalmente diversa se fossimo tutti uguali.
Come costringerei le persone a prendermi lo zucchero?

SONO SEMPRE IN RITARDO

Lo ammetto. Sono sempre in ritardo.

Perché? E ve lo chiedete pure?

Perché solo i cretini arrivano in orario.

Solo chi non ha nulla da fare arriva in orario.

Io, per esempio, non ho nulla da fare.

Ma fingo di dover fare qualcosa.

Così arrivo in ritardo.

PER SEMBRARE IMPORTANTE.

Uno che è sempre impegnato.

«È arrivato in ritardo perché stava facendo qualcosa di importante» dirà la gente.

E invece dormivo. Aspettando di essere in ritardo.

Se l'appuntamento è alle 7, io arrivo alle 8.

Saluto tutti e poi dico: «Scusate avevo un appuntamento, prima».

Sì. Un appuntamento con me stesso.
Poveri illusi.

Non sono mai davvero in ritardo per qualche ragione. **Faccio solo finta.**
Un po' come i trapper quando fanno finta di saper cantare.
Non proprio tutti. Quasi.
Anche io in quasi tutti gli appuntamenti faccio finta di arrivare in ritardo.
Tutti fanno finta. Soltanto che io lo dico.
Non giudicatemi.

Una volta sono stato davvero in ritardo.
Per la prima volta stavo realmente facendo qualcosa di MOLTO importante.
Facevo la pipì sulla porta di un mio vicino.
Dovevo tornare a scuola per un corso pomeridiano.
Avete presente quei corsi dove ci si iscrive solo perché costretti dai vostri professori?
Ha capito bene, professoressa: io mi iscrivevo solo perché lei mi costringeva.
Il suo corso di poesia, prof?

M'IMPORTA ZERO.

Le piace, come poesia? Lo so che le piace.
E non mi sono neanche sforzato troppo.

Quella volta ero in ritardo e mi sono fatto accompagnare da mio nonno.
Ormai ero in ritardo di 45 minuti.
E non potevo più fare assenze.
Ho iniziato a dire a mio nonno di sbrigarsi.
Non l'ho mai visto andare così veloce.
È stato velocissimo.
In soli 24 minuti è riuscito a mettersi una scarpa.
Ma non ad allacciarsela. Non esageriamo...
Ormai avevo un ritardo di 1 ora e 45 minuti.
Perché mio nonno ha due piedi. Calcolando 24 minuti a scarpa, con un riposo di qualche minuto tra una e l'altra.
Ci ho impiegato 1 ora.
Ci penso soltanto ora che per recuperare un po' di tempo...
Avrei dovuto tagliargli un piede.

Siamo arrivati in macchina e ho pensato di finire i compiti che la professoressa mi aveva assegnato per casa.
Mio nonno nel frattempo correva.
Correva come non mai, con la macchina.

E IO MORIVO DI FREDDO.

Molto strano, perché fuori c'erano 40 gradi.
Era stranissimo che avessi così tanto freddo.
Forse perché mio nonno era finito fuori strada, in un fiume?
Ma non ne sono proprio sicuro...

Io sono bravo a far aspettare le persone.
Avevo un appuntamento alle 3 di pomeriggio con un mio amico.
Citofonò e mi disse di scendere.
«Un minuto e scendo, devo mettere soltanto le scarpe!»
Questo gli dissi.
Povero illuso.
Non avevo neanche iniziato a prepararmi.
Perché mi hanno detto che chi fa aspettare le persone è intelligente.
E io, per una volta, volevo sembrarlo.
"Più lo faccio aspettare, più sembrerò intelligente!" pensavo.
Ora capisco perché la mia professoressa d'italiano arrivava sempre in orario.

Erano passate già due ore.
Due ore che facevo aspettare il mio amico.
Non avevo più scuse. Dovevo inventarmene qualcuna.
Se fossi stato pelato avrei potuto dirgli: «Un minuto e scendo, sto asciugando i capelli».
Ma io i capelli ce li avevo. Che sfigato, che ero.

Se fossi stato senza il telefono avrei potuto dirgli: «Un minuto e scendo, devo rispondere a una chiamata».
E invece il telefono ce l'avevo.
Che sfigato che ero.
Basta scuse. Basta farlo aspettare.
Avevo deciso che era l'ora di scendere.
E con due ore di ritardo alla fine, ce la feci.
SCESI.
Dal balcone però.

Mi ruppi 6 gambe, 3 braccia e 15 pollici.
Finii in ospedale.
Io e il mio amico però alla fine siamo usciti.
Con 1 mese e 13 giorni di ritardo.
Quindi, fatemelo dire.
Se è vero che chi fa aspettare le persone è intelligente, io sono il più intelligente del mondo.

I PROBLEMI DEL RIENTRO A SCUOLA

Io i problemi li amo.

Avete mai pensato a quanto sarebbe brutta la nostra vita se non esistessero i problemi?

Di cosa mi lamenterei?

Chi insulterei?

I problemi esistono perché così possiamo prendercela con loro.

Più problemi ci sono, più io posso sfogarmi.

Infatti, ho soltanto amici che mi creano problemi.

SANNO CHE MI PIACCIONO.

Se non mi crei problemi, non puoi essere mio amico.

Ho conosciuto uno che di lavoro faceva rapine in banca.
Ora è il mio migliore amico.

Sapete quali sono gli unici problemi che mi stanno antipatici?
Quelli che mi creo quando ricomincia la scuola.

NON LI SOPPORTO.

Non è neanche colpa del mio professore, perché io voglio bene al mio professore quanto ne voglio a mia mamma.
Lo vedo un po' come mia mamma.
Ha la stessa carica di mia mamma.
Ha la stessa energia di mia mamma.
Ha gli stessi baffi di mia mamma.
Forse questo non lo dovevo dire.

Se mi fate abituare all'estate, non potrò mai essere felice di tornare a scuola.
Ci vuole una soluzione.
Anche perché comunque sono i problemi a cercare me, anche quando io evito di crearmeli.
C'è un bidello, nella mia scuola.

Un bidello con un occhio di vetro.

Mi spaventa a morte.

Mi fa davvero troppa paura.

MI TERRORIZZA.

Ogni volta che mi vede, comincia a seguirmi dappertutto...
Insiste, finché non gli ridò l'occhio.
Ma non è colpa mia.
È lui che se lo fa rubare troppo facilmente.

Di problemi, la mia scuola ne ha tanti.
Quest'anno però hanno comprato le finestre nuove.
Non ce lo aspettavamo.
È stata davvero una sorpresa.
Nessuno si sarebbe mai immaginato un acquisto così.
Purtroppo non sono passati neanche 15 giorni, e le finestre sono state rubate.
Le hanno sganciate e portate via, di notte.

CHE SCHIFO.

L'unica cosa che mi viene da dire è che schifo.
Nel 2019, in un Paese come l'Italia, **mi chiedo come si siano permessi di rubare le finestre a una scuola, di notte.**
SENZA NEANCHE INVITARMI.
Maleducati proprio.

I problemi del rientro a scuola io li ho già di prima mattina.

Dopo essermi svegliato alle 12:00 ogni giorno per 3 mesi, alzarsi dal letto alle 7:00 è difficilissimo.

Inoltre io mi sveglio ogni giorno con un dolore diverso.

Ricordo bene che il primo giorno di scuola dell'anno scorso mi svegliai con un dolore di pancia pazzesco.

LO DISSI A MIA MADRE.

E lei mi rispose: «È impossibile che ti faccia male la pancia, perché il pugno stanotte te l'ho tirato in faccia».

BENE.

Ho un problema anche con il mio professore.

Il mio professore di matematica grida troppo.

Soprattutto i primi giorni di scuola.

"Si allenerà durante l'estate" ho pensato.

Il primo giorno di scuola dell'anno scorso si mise a urlare: «Basta! La scuola non è neanche iniziata e sto già impazzendo, ora mi strappo tutti i capelli!»

«Ma come fai che sei pelato?» gli dissi.

Forse rientrare a scuola non è la cosa migliore che si possa fare.

Però non possiamo vivere una vita in vacanza.

Quindi mi raccomando.

IMPEGNATEVI. NON PER GLI ALTRI, MA PER VOI STESSI.

La scuola ha mille problemi, si sa.

Per esempio, si arrabbiano tutti per delle cavolate.

Io odio le persone che si arrabbiano per cose stupide.

Nel 2019 in Italia abbiamo tantissimi problemi.

Nel mondo ci sono guerre, povertà, sfruttamento.

Eppure c'è chi ha il coraggio di prendersela con me soltanto perché non vado d'accordo con tutti i professori.

IL LAVORO DEI MIEI SOGNI

Da piccoli tutti hanno un lavoro dei sogni.

IO AVEVO TANTE PASSIONI.

Ero indeciso.

Molto indeciso.

Indeciso tra l'assaggiatore di acque minerali e il collaudatore di divani letto.

Quando mi dissero che questi lavori non esistevano pensai che viviamo proprio in un brutto mondo.

«Non servirebbero a nulla questi lavori!» mi spiegarono.

Ah, sì?

Va bene.

Però non venite da me quando qualcuno morirà schiacciato da un divano letto...

Quando sei piccolo hai tanti sogni.

Infatti a 8 anni volevo fare l'astronauta.

Poi ho capito di aver paura dello spazio.

A 9 volevo fare il pompiere.

Poi ho capito di aver paura del fuoco.

A 11 volevo fare il dottore.

Poi ho capito di aver paura del sangue.

ORA VOGLIO FARE IL MANTENUTO.

Perché ho capito che dei soldi degli altri non ho paura.

Quindi se qualcuno volesse pagarmi per non fare niente, per me non sarebbe un problema.

Vi giuro che sarei il numero uno.

L'altro giorno ho detto a mia madre: «Oggi non faccio niente, proprio niente».

Quindi non dovevo fare assolutamente niente.

Per questo ho smesso anche di respirare.

Perché se io faccio una cosa, la faccio bene.

Non come quelli che dicono: «Io non faccio niente» e poi respirano.

Siete dei bugiardi. Ecco, quello che siete.

È stato davvero bellissimo non fare niente.
Neanche respirare.
Davvero stupendo.
«Sono il numero uno!» ho gridato alla fine.
Quando mi sono risvegliato dopo 6 giorni in ospedale.

Comunque non sopporto le persone che mi chiedono cosa voglio fare da grande.
L'altro giorno questa domanda me l'ha fatta la preside della mia scuola.
Non riuscivo a capire che cosa dicesse.
Perché parlava in modo strano.
Gridava frasi come: «Abbsmnk dnsjkwo dovakc».
Perché non riuscivo a sentire?
Perché non riuscivo a capirla?

PERCHÉ?

Proprio quel giorno ho scoperto che neppure la preside riesce a parlare se continui a interromperla.

Così impari a chiedermi cosa voglio fare da grande.
Maleducata.

Ho iniziato a lavorare da piccolo.

A 9 anni avevo già trovato un lavoro perfetto.

Dicevo parolacce e poi mi facevo pagare da mia madre per non dirle.

Che bei tempi, quelli.

Quando bastava poco per guadagnare.

Andavo in giro. Insultavo un po' i miei parenti.

E poi mi facevo pagare per chiedere scusa.

FANTASTICO.

Una volta eravamo in chiesa.
Mi servivano dei soldi e mia madre non me li voleva dare.
Alla fine sono riuscito a guadagnare addirittura 50 euro.
Dite che è sbagliato pagarmi per chiedere scusa dopo aver detto una parolaccia in chiesa?
Lo so.
È stato sbagliatissimo darmi 50 euro per quello.

SBAGLIATISSIMO.

Doveva darmene 100, mia madre.
Ma vabbè dai.
Anche se me ne ha dati solo 50, l'ho perdonata.

Quindi se volete un consiglio da me su come scoprire il lavoro adatto a voi, avete sbagliato persona.
Cosa volete fare?
Il dottore, Il poliziotto, il parrucchiere?

FATELO.

Dipende solo da voi e dalla voglia che avete di rincorrere il vostro sogno.
Perché nella vita ognuno può fare ciò che vuole.
Se credi davvero di amare qualcosa, inseguila fino alla fine.
Sapete qual è il trucco?
Amare il proprio lavoro.

PROPRIO COME FACCIO IO.

Amo dire parolacce.
E poi, mia madre paga ancora bene.

QUANDO SONO MALATO

Quando mi ammalo sono felice.

Avete capito bene.

Sono felice perché se sto male tutti si preoccupano per me.

Mi ascoltano senza che debba fare qualcosa per attirare l'attenzione.

Sì, perché solitamente a casa mia per farmi ascoltare dagli altri devo fare qualcosa che attiri l'attenzione.

Volevo dire qualcosa domenica?

Sabato ho dovuto chiudere mia nonna nello sgabuzzino.

Ma non potrò usare per sempre questa tattica.

HO SOLO DUE NONNE.

Quindi devo trovare una soluzione. Al più presto.

Cosa significa questo?
Che inizierò a chiudere nello sgabuzzino anche zii e cugini.

E mentre cerco una soluzione, per attirare l'attenzione mi ammalo.
Febbre, virus, vomito, le provo tutte.
E quando le malattie non mi vengono da sole, le faccio venire io.
L'altro giorno non sapevo più cosa inventarmi.
Così ho cercato su Internet: Metodi per ammalarmi.
Non lo fate mai.
Scoprirete cose strane.
Cose molte strane.
Un sito diceva che saltare la scuola era semplicissimo.
Basta lanciarsi dal terzo piano di un palazzo.
Grazie mille, Internet. Non ci sarei mai arrivato.

GRAZIE DAVVERO.

Dovrei pagarti per questo consiglio così utile.

Oltre a questo consiglio, ne ho trovato un altro.

Per prendere la febbre dovevo fare qualcosa di molto semplice: fare una doccia e poi uscire nudo sul balcone senza asciugarmi.
Dovevo uscire completamente nudo. Anche senza mutande.
All'inizio pensavo fosse una cavolata. Mi vergognavo.
Ma poi l'ho fatto.
Ed è stato stupendo.
La cosa più bella che io abbia mai fatto.

È STATO PAZZESCO.

Finché mi sono ricordato di non avere balconi in casa. Ero in mezzo alla strada.
In effetti, mi sembrava strano che il postino fosse il mio vicino.

Da poco ho capito che con le malattie non si scherza.
Come l'ho capito?
Perché mia nonna è stata ricoverata un mese in ospedale.
Ha avuto la polmonite.
Una malattia che non ti fa respirare.

Infatti, per respirare aveva bisogno dell'aiuto di una macchina elettronica.
Ha anche rischiato di morire.
Perché qualche cretino aveva staccato la spina di questa macchina dalla corrente e ci aveva attaccato un caricatore del telefono.
Che schifo, che mi fanno queste persone.

Quando ho scoperto che qualcuno aveva fatto una cosa del genere, sapete qual è stata la prima cosa che ho pensato?
Ecco dove avevo messo il caricatore. Non lo trovavo più.

A parte questi piccoli problemi, è bello avere la febbre.
Posso stare a casa. E dire a mia madre quello che deve fare.
L'ultima volta le ho chiesto di andare a comprarmi una pizza alle dieci di sera.
Lei è andata. Me l'ha tagliata. Mi ha imboccato. E mi ha detto pure grazie.

Quindi è fantastico essere ammalati.
Chi dice il contrario o è maleducato o è mia madre.
L'unico problema, quando fingi di essere ammalato, è prendere le medicine.
Tutti i dottori mi hanno detto che fa malissimo prendere le medicine quando non ne hai bisogno.

IO NE PRENDO TANTISSIME.

E posso dirvi che non è vero.
Non è assolutamente vero che fa male.
A me per esempio non è mai successo nulla di grave.
A parte il terzo capezzolo che mi è spuntato sulla schiena.
Forse questo non lo dovevo dire.

Ora forse la smetterò di ammalarmi per finta.
Perché sapete cos'ho imparato da tutta questa storia?
Che se esci nudo in mezzo alla strada non prendi la febbre.
Ma una denuncia.
Per fortuna ho dato tutta la colpa a mia madre.
«Ha dimenticato di lavarmi i vestiti e mi fa andare in giro così» questo ho detto alla polizia.
Così impara.

HALLOWEEN

Quando ero piccolo amavo tutte le feste.

TUTTE QUANTE.

E dopo aver scoperto che Babbo Natale è un ubriacone che non si vuole mettere a dieta...
Dopo aver scoperto che dentro le uova di Pasqua mettono solo sorprese orribili...
Ho iniziato a odiare sia Natale sia Pasqua.
Così ora odio Pasqua, Natale e anche i compleanni.
È rimasta soltanto una festa che amo festeggiare.
Perché è l'unica festa dove il festeggiato non si lamenta MAI.

LA FESTA DEI MORTI.

Halloween era la mia festa preferita.
Uno di quei momenti che aspetti come il nuo-

vo rotolo di carta igienica che sostituisce quello ormai finito.

HALLOWEEN L'AMAVO. ERA FANTASTICA.

Fin quando non ho scoperto che Halloween deriva dalla festa dei morti.
Fin qui nulla di strano, direte voi.
È che ho iniziato a pensare.
Quando penso non è mai un buon segnale.
Se Halloween fosse davvero la festa dei morti, dovrei travestirmi come il cane del mio vicino di casa che è morto 6 mesi fa?

DOVREI METTERE IL SUO COLLARE.

Che ha ancora addosso.
Dovrei andare a prenderlo.

E non sarebbe per niente divertente riaprire una tomba a mani nude.

ALMENO, NON PENSO.

Dovrei chiedere a mio cugino.
È lui che di solito sbriga certi affari.
Comunque, quando ho scoperto questa cosa ho iniziato ad avere paura.
Allora ho fatto quello che mi riesce meglio:
ho iniziato a odiare anche Halloween.

Esistono troppe feste inutili.
Però, pensandoci bene. Pasqua e Natale non sono inutili.

ANZI.

Sono utili a non andare a scuola.

Oppure a ricevere regali inutili.

Tipo lo spazzolino elettrico.

Odio quel coso.

Non lo userò mai e poi mai.

È utile solo per pulire le unghie del mio coniglio.

Peccato che mia mamma ci si lavi i denti.

Prima o poi glielo dirò.

SICURAMENTE.

Anche perché non sopporto più il suo alito, che sa di cibo per conigli.
Chissà perché mammina.

CHISSÀ.

Anche San Valentino ti fa sentire in colpa.
Pensate a quelli che si chiamano Valentino/a e sono single. Che giornata schifosa che passano.
Oppure pensate a quelle ragazze che hanno un fidanzato.
Ma brutto.

CHE ODIANO.

E devono fargli pure il regalo.
Chi l'ha detto?
L'ha deciso San Valentino.
Non poteva farsi i fatti suoi?

Da oggi invento una nuova festa.

LA FESTA PER CHI ODIA LE FESTE.

Così almeno una volta sarò felice.

Non vi dico che giorno è.

Voi festeggiatela ogni giorno.

Così ogni giorno della vostra vita sarà felice.

NO, NON RINGRAZIATEMI.

L'INGLESE

Ho capito qual è il mio sogno.
Incontrare quello che ha deciso che l'inglese è la lingua universale.
Lo vorrei incontrare, per insultarlo.
Come si è permesso di deciderlo senza chiedermi nulla?
Perché non scegliere una lingua, non so, tipo l'italiano.
Come lingua universale.
Oppure, ancora meglio, un dialetto italiano.
Il romano, per esempio. Che mi piace tantissimo.
Pensate quanto sarebbe bello sentire un giapponese a Tokyo a cui è appena caduto il telefono per terra dire: **«Aò, ma li mortacci tua, er telefono novo!!!»**

SAREBBE FANTASTICO.

E sarebbe anche molto semplice.

«È semplice perché tu conosci l'italiano, per gli altri non lo è!» direte voi.

Vero. Ma io me ne frego. Io l'inglese non lo imparo.

O almeno così pensavo prima di scoprire che se non sai l'inglese sei più inutile di un libro scritto da uno youtuber.

Forse questo non lo dovevo dire.

Ma io faccio finta di non essere uno youtuber.

SONO DIVERSO.

Fate finta anche voi.

Bisogna saper fingere, nella vita.

Io per esempio faccio finta di sapere l'inglese, quando me lo chiedono.

«Sei bravo in inglese?»

Quando mi fanno questa domanda io rispondo sempre: «Certo, per chi mi hai preso?»

E loro: «Cosa hai studiato di inglese?»

«Il libretto di istruzioni del telecomando. In inglese» rispondo.

Ridono tutti, quando lo dico.

MA IO SONO SERIO.

E mi arrabbio molto, quando le persone ridono e io sono serio.
Non vi permettete di scherzarci su.
Ho imparato tantissime cose, su quel libretto.
Tipo come spegnere e accendere la TV.
Ma in inglese.
Con le istruzioni in inglese non sono sempre stato bravo.

ANZI, FACCIO SCHIFO.

E mi vanto di questa cosa.
Una volta mi chiesero di infilare mia cugina nel seggiolino della macchina.
«È semplicissimo» disse mia madre.
E allora perché non lo fai tu?
Non sapevo assolutamente come fare.
Arrivai al seggiolino.

E lessi tutte le istruzioni.
Per non sbagliare.
Quando finii di leggere ero più confuso di prima.
Perché era tutto in inglese.
Comunque, dopo neanche 45 minuti, riuscii a sistemarla.

ERO FIERO DI ME.

Ero riuscito a fare qualcosa che non avevo mai tentato prima.
Mi sentivo un eroe. Anzi, meglio di un eroe.
Partimmo.
Mia mamma girò a sinistra e mia cugina volò a destra.
Sbattendo la testa contro il finestrino.
Per fortuna non si fece nulla.
O almeno, questo è ciò che dissi a mia mamma.
Cominciai a sospettare di non averla legata bene.
Però non la aiutai a rialzarsi.
Pensai: "È grande, può farlo da sola. Ha già due anni".

Sono uno che ama i viaggi.

LI ADORO.

Soprattutto i viaggi fuori dall'Italia.

Questo, prima di scoprire che se vai a Londra nessuno parla italiano.

Come si permettono? Eh?

Maleducati.

Per questo quando ci andai fu un disastro.
Un disastro, per farsi capire.
Una volta sono entrato in un bar a Londra per fare colazione.
Al bancone c'era un uomo enorme.
Provai a parlare inglese.
Provai per 13 minuti a spiegare che volevo un cornetto e un succo di frutta.
Ma nulla. Non capiva.
Mi arrabbiai e gridai: «Brutto ciccione pelato, non capisci niente!»

NEANCHE QUELLO CAPÌ.

Infatti, non rispose.
Non rispose per i primi 15 secondi, poi si girò e mi disse: «Nano da giardino, a chi hai detto ciccione?»

ERA DI ROMA.

E io ero felice di aver trovato qualcuno che parlasse italiano.
Ero felice di vederlo.
Ma lui non ricambiava il sentimento.

Alcune volte odiamo certe cose soltanto perché non ci piace chi ce le spiega.
Alcuni professori non dovrebbero insegnare.
Perché io amavo l'inglese.
Lo amavo, prima di conoscere la mia professoressa delle superiori.

Non fermatevi davanti agli ostacoli.

NON ARRENDETEVI.

Io ho continuato a studiare l'inglese da solo.
E sapete perché l'ho fatto?
Perché altrimenti chi me lo spiegava come legare mia cugina al seggiolino?

AMO FARE LA FILA

Io amo tantissimo fare la fila.

Amo certe cose, perché mi aiutano a ricordare quanto le odio.

Le amo perché mi portano a chiedermi perché esistono.

Chi ha inventato la fila odiava se stesso.

Si odiava così tanto che avrà detto: «Perché gli altri sono felici?»

«Pensiamo a un modo per far diventare tristi questi stupidi» avrà detto.

COME SI FA?

Facendoli aspettare.

Creando una fila.

Ecco qui come sono nate le file.

Di file nella vita ne farai tantissime.

Io, per esempio, ovunque vada ne trovo una.

Soprattutto quando devo fare una cosa con urgenza.
Trovo SEMPRE una fila quando sono di fretta.
Trovo fila quando sono in macchina e sono in ritardo.
Trovo fila quando sono al bar e sto morendo di sete.
Trovo fila quando sono al bagno e mi è venuto il ciclo.
No dai, sto scherzando.
Quando mi viene il ciclo non trovo mai fila.
O mi fanno passare o mi spoglio davanti a tutti.
Va bene la smetto.
Avete ragione.
Io non ho il ciclo.
O almeno, penso.

VI FARÒ SAPERE.

Esistono due tipi di persone che amano fare la fila.
Quelli che non hanno nulla da fare e io.
Per questo ho iniziato a pensare che nella mia vita non abbia nulla da fare.
Ma non sono riuscito a rispondere.
Ero troppo impegnato a dormire.

VI FARÒ SAPERE COMUNQUE.

Amo le file, perché le persone che aspettano con te fanno finta di essere tuoi amici.
Si annoiano. Allora iniziano a parlarti.
Ero in fila dal dottore.
Ormai ero in fila da tanto tempo.
E avevo, davanti a me, questa signora, molto bassa, di 60 anni.
Che mentre era in fila, aspettando che arrivasse il suo turno, ne aveva compiuti 61.
Infatti le avevo fatto anche un regalo.
Comunque la signora iniziò a parlarmi di suo figlio.
Parlò per ben 3 ore dei piedi puzzolenti del figlio.

3 ore di divertimento assoluto.
Mi spiaceva fermarla.
Quando finì, le dissi: «Lo sa che di quello che ha detto non me ne frega assolutamente nulla?»
Non so se la signora si fosse offesa, quando iniziò a gridarmi parolacce.

NON LO SO PROPRIO.

Mi dispiaceva chiederglielo, mi sembrava scortese.
Amo le file perché mi piace aspettare e pensare.
Pensare a come insultare chi mi sta facendo aspettare.
Amo le file perché amo le persone che arrivano per ultime.
Arrivano per ultime e chiedono: «Chi è l'ultimo?»

MI PRENDI IN GIRO?

«Non vorrei sbagliare. Ma se i miei calcoli sono giusti... SEI TU.»
Brutto maleducato che non sei altro.
Volevi superarmi, eh?

VERGOGNA.

Amo le file perché mentre siamo in fila abbiamo tanto tempo.
Andiamo sempre di fretta. Quindi mi piace avere un po' di tempo per fare cose che magari, se non fossi stato in fila, non avrei fatto.

Cose tipo chiamare un vecchio amico, ricordare ai genitori quanto li amiamo, mandare a quel paese chi ci sta antipatico.
Soprattutto l'ultima.

MA NON NE SONO SICURO.

Inverno

LA DOMENICA

Non li ho mai capiti. Non li ho mai capiti quelli che sono felici di domenica.
Di domenica non si può essere felici.

La domenica fa a gara con se stessa per scoprire chi è la regina dei cretini.
E indovinate?

VINCE SEMPRE LEI.

La domenica è un po' come la supposta quando eri piccolino. Chi amava la supposta? Eh, chi?
Solo mia mamma, quando me la metteva.
Le piaceva vedermi correre per tutta la casa con le mutande abbassate e tutte le nudità al vento mentre scappavo dal mio Nemico Numero Uno.
La supposta.
Non avevo scelta, ovviamente.

Ma io me le voglio prendere le mie soddisfazioni: spero di mettertela io una supposta, prima o poi, cara mammina...

Ecco, la domenica è proprio come una supposta. Una medicina: tutti la odiano, ma non si può evitare.
Infatti, nel caso mi dicessero: «La supposta è l'unica cosa che può salvarti la vita» io risponderei: «Bene, procediamo. Lasciatemi morire».

La domenica è un cioccolatino con dentro la cipolla. Così finalmente si spiega perché mi fa piangere.
Dolce fuori, con la sorpresa dentro. Hai capito, la domenica.

Ma come si permette? Chi si crede di essere?
La mattina ti svegli tardissimo e già inizi a odiarti.
A pranzo mangi come un bue assassino e finisci per odiarti del tutto.
Dalle due scatta l'ansia: STA PER ARRIVARE IL LUNEDÌ.
La domenica parte come un treno italiano.
Direte: VELOCE E BELLISSIMO?

NO.

In ritardo e puzzolente.
Avete capito bene. La domenica puzza.
E neanche poco.
Stiamo tutto il giorno senza far nulla e iniziamo a studiare alle 9 di sera. E indovinate che cosa abbiamo dopo 18 ore di sonno?
Ancora sonno. Esatto.

Quindi, domenica, smettila, smettila di aprire le porte al lunedì. Perché mi hai scocciato.
Se non vuoi che ti sostituisca, smettila di essere come sei.
Ho pensato, per dispetto, di rifiutarmi di vivere la domenica. La cancello da tutti i calendari.
Faccio finta che sia direttamente lunedì. Così quel povero lunedì, che tutti insultano, potrebbe diventare finalmente uno a posto.
D'altronde non è colpa sua se l'hanno messo a inizio settimana.

LA COLPA È DELLA DOMENICA.

Lei sembra buona, ma in realtà ci odia tutti.
E noi per dispetto dovremmo ricambiare il sentimento e odiarla.
Lo potrei gridare al mondo finalmente, a squarciagola: OGGI LA SUPPOSTA TE L'HO MESSA IO.

I COMPLEANNI SECONDO ME

Il compleanno tutti lo aspettano, non vedono l'ora che arrivi.

Io, no.

Ogni anno io spero che sia in ritardo.

INVECE, ARRIVA SEMPRE LO STESSO GIORNO.

Sempre, ogni volta nel giorno in cui mia madre sostiene che sia nato.

Coincidenze?

IO NON CREDO.

Qualcuno mi sta prendendo in giro.

Ne sono sicuro.

Una volta chiesi a mia mamma: «Mamma, sei

sicura che sono nato il giorno in cui faccio il compleanno?»

E lei: «Certo, che domande sono?!»

E io: «Io non mi ricordo quando sono nato. E questa cosa non mi piace per niente».

Può essere che sia nato quando avevo 5 anni?

«Impossibile» ha detto lei.

Mi ha fatto vedere anche le foto.

Ma qui l'ho incastrata: quel bambino non ero io.

NON ERO ASSOLUTAMENTE IO.

Vi chiederete: «E tu come lo sai?»

Semplice, in quelle foto

ERO PELATO.

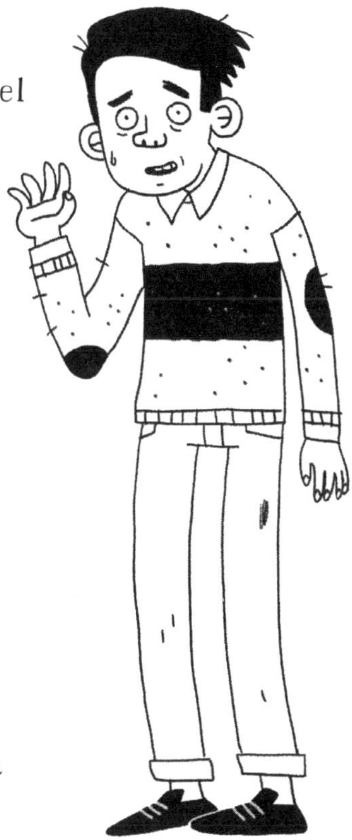

Io non sono pelato.

Immagino che quello sia un bambino pelato che ha fotografato in ospedale.

Perché era pelato?

VE LO SPIEGO SUBITO.

Evidentemente avrà preso dal papà, che ha perso i capelli a 30 anni. E invece lui, li ha persi un po' prima.
Un po' prima di nascere, intendo.

Ora si spiega tutto.
Si spiega perché io non mi ricordo quando, dove e perché sono nato.

PER FORTUNA HO SCOPERTO LA VERITÀ, ORA È TUTTO CHIARO.

Alcuni di noi nascono già grandi, ecco perché non ci ricordiamo di essere nati.

Mi hanno raccontato per anni che ero stato portato dalla cicogna.

MA CHE CICOGNA?

Ma davvero qualcuno crede ancora alla cicogna?
Pensate che un uccello come quello possa porta-

re un bambino? Ci hanno preso in giro, questa è la verità.

Non esiste nessuna cicogna. Volete sapere la verità? Siete pronti?

Era un gabbiano, quello che ci ha portato.

Non una stupida cicogna.

CREDULONI.

Ma io non ci sono cascato.

Il compleanno non mi è mai piaciuto. Soprattutto quando cantano «Tanti auguri a te!», sempre la stessa canzone per tutti. Vorrei sapere chi l'ha scritta.
Potrebbe essere stato Denis Dosio?
Potrebbe, in effetti è nel suo stile.

FA SCHIFO.

Per non parlare di quando tutti ti guardano mentre spacchetti i regali. È divertente guardare che cosa mi hanno regalato? Siete impiccioni, ecco quello che siete.
Così anche se qualcosa non ti piace, devi fingere che sia fantastico.

Due anni fa regalai a un mio amico un profumo orrendo.
Lui quest'anno mi ha regalato lo stesso profumo al mio compleanno.
L'avrà comprato perché gli è piaciuto, direte.

NO.

Era proprio lo stesso che gli avevo regalato io.
Mi aveva restituito il regalo.

Ecco perché ho deciso che da oggi in poi prima mi fate vedere il regalo, poi entrate a festeggiare. Solo io posso fare i regali brutti.

VOI NO.

NON SONO DEL SUD, NEANCHE DEL CENTRO, MA NEMMENO DEL NORD

Il titolo di questo capitolo sembra una presa in giro, vero?

Invece no. È tutto vero, purtroppo.

Purtroppo, perché mi piace prendere in giro le persone.

Non sono del sud, neanche del centro. ma nemmeno del nord.

PAZZESCO, NO?

È così pazzesco che ora probabilmente starete pensando: "Quindi dove cavolo sei nato?"

GIUSTO.

Sono nato al nord, sono cresciuto al sud e Roma è una delle mie città preferite.
Come la mettiamo, eh?

ANCORA OGGI ESISTONO:

Persone del nord che insultano quelli del sud.
Persone del sud che insultano quelli del nord.
Persone del centro che insultano quelli del nord e sud.
Persone del nord e sud che insultano quelli del centro.
Ma stiamo scherzando? Siamo impazziti?
È una cosa stupida.
Se vi insultate tutti tra voi, chi cavolo li insulta i francesi?
È una domanda che merita una risposta.
Io non ho nulla contro i francesi, solo che loro non hanno il bidet.
Lo sapete cosa fa un francese dopo aver fatto la cacca?

Niente.

NIENTE.

Come se non fosse successo nulla.

Non bisogna odiare i francesi.
Non bisogna odiare nessuno.

L'ODIO È SBAGLIATO.

Non ha senso odiare una persona.
Tranne quelle che sputacchiano quando parlano.
Quelle vanno odiate.
Ti mettono in imbarazzo.
Quelle che ti sputacchiano addosso mentre parlano e poi fanno finta di niente.
Le odio.
«Ah, tu sei perfetto? Non ti è mai capitato?» direte.
Certo che mi è capitato.
Ma dopo non faccio mai finta di niente.
Piuttosto, tiro uno sputacchione più grosso.
Nello stesso punto di quello piccolino.
«MI FAI SCHIFO!» aggiungo poi.
Per far capire che l'ho fatto apposta.

Io non voglio sembrare uno di quelli che sputacchiano per sbaglio.

CHE FIGURA CI FAREI?

Una volta mi è capitato con un prete.
Era la mia comunione.
E toccava a me.

ERO NERVOSO.

Mentre parlavo mi è partito uno sputino dalla bocca che è arrivato dritto sul naso del prete.
Non potevo far finta di nulla.
Per questo gli ho tirato uno sputacchione.
Bello grosso.

«TI BENEDICO!»

ho gridato durante la messa.
Per fortuna il prete non si è arrabbiato più di tanto, mentre mi buttava fuori dalla chiesa a calci.

La cosa più stupida è odiare una persona.

Soltanto perché diversa da noi.

Soltanto perché ha abitudini, gusti o credenze diverse dalle nostre.

Non bisogna odiare qualcuno solo perché è nato in un posto diverso dal nostro.

Nelle nostre diversità, è fantastico essere tutti uguali.

BASTA, ODIARE GLI ALTRI.

Iniziamo a odiare quelli che ti sputano addosso mentre parlano e fanno finta di niente.

IL MONDO DEI GRANDI

Vi posso dire la verità?

(Non dovete rispondere, tanto ve la dico lo stesso. Anche se non volete. Perché è il mio libro e ci scrivo quello che voglio.)

Io i grandi non li sopporto.

Avete capito bene.

LI DETESTO.

«E quando diventerai grande anche tu?» direte voi.

Pagherò qualcuno per farmi insultare.

Perché mi starò antipatico da solo.

Risolverò tutti i miei problemi così, facendomi insultare.

Perché mi stanno antipatici?

PERCHÉ PENSANO DI ESSERE MIGLIORI.

Pensano che essere più grandi sia un merito.

Cos'hai fatto tu per essere più grande di me?

Sei nato soltanto prima.

Complimenti.

Ti sarai sforzato molto.

Ti sarai impegnato tantissimo per essere stato creato prima di me.

Ti sei sicuramente impegnato più di un pizzaiolo ad agosto che cerca di non sudare sulla mia pizza.

Facciamo tutti un applauso a quello che è nato prima.

«Bravo, sei un grande per essere nato prima» gridiamoglielo tutti insieme.

È davvero bello essere nato prima.

È bellissimo aver imparato a parlare prima.

È stupendo aver iniziato a camminare prima.

Allora sarà bellissimo anche morire prima.

Voglio vedere chi riderà alla fine.

Di sicuro non tu.

PERCHÉ I MORTI NON RIDONO.

O almeno non penso.
Non sono mai morto.

Perché nessuno ascolta i giovani?
L'ho chiesto a mio nonno.
«Perché state diventando stupidi a guardare sempre il telefono» mi ha risposto gridando.
Mentre era su Facebook.

FACEBOOK.

Chi lo usa più Facebook?
Solo mio nonno.
E indovinate con chi parla su Facebook?
Con nessuno. Perché non lo sa usare.
Pensa che Facebook sia un suo amico.
E gli parla. Apre Facebook e parla.
L'altro giorno l'ho visto guardare il telefono e dire: «Allora Facebook, cos'hai mangiato oggi?»
«Fatti i fatti tuoi e smettila di chiamarmi Facebook, nonno.»

Aveva chiamato per sbaglio mio cugino.

NON IMPARERÀ MAI.

Forse io non voglio diventare grande.

I GRANDI SONO SEMPRE ARRABBIATI.

Con chi ce l'avete?

Con voi stessi, forse?

Fate bene. Anche io mi odierei, se fossi in voi.

Molte volte non vado d'accordo con mia madre.

Soprattutto quando mi dice: «Quando ero piccola io certe cose non ce le facevano fare».

Davvero mamma? Sorprendente.

Quando eri piccola tu andavate in giro con i cavalli.

È questa la verità.

Dei meravigliosi cavalli.

Cavalli che erano molto felici di portarvi in giro.

COME NO.

Fortuna poi abbiamo inventato le macchine.

Pensa quanto era bello essere uno di quei cavalli.

Mamma, quando eri piccola tu non esisteva neanche la doccia.
Come faccio a essere così sicuro di quello che dico?
Perché nonna quando deve farsi lo shampoo si fa sputare in testa da zia.
E l'unica cosa che mi è venuta in mente quando ho visto questa scena è stata:

CHE SCHIFO.

Io non avrei mai fatto una cosa del genere.
Prima di scoprire che lo sputo rende i miei capelli davvero soffici.

Forse gli adulti dovrebbero essere meno arroganti.
Dovrebbero soltanto ascoltarci di più.
Dovrebbero aggiornarsi. Capire che viviamo nel terzo millennio. E che abbiamo bisogno di costruire il nostro futuro.

ABBIAMO BISOGNO DI SENTIRCI LIBERI.

Abbiamo bisogno di poter dire quello che vogliamo e di vestirci come vogliamo.
Basta metterci i bastoni tra le ruote.
Viva i giovani e viva il futuro.
Però devo dire che lo sputo in testa li rende proprio morbidi questi capelli.

IL FREDDO E LA NEVE

Io non sono un razzista, uno che fa distinzioni.
Per questo le stagioni le trovo odiose tutte allo stesso modo.
Tutte hanno problemi.
Perché nessuno ha mai pensato di inventarne una che non facesse schifo?
Forse chi ha inventato le stagioni voleva che noi le odiassimo.
Secondo me è proprio così.

DOBBIAMO ESSERE FELICI DI ODIARLE.

Anche le stagioni sono felici quando le odiamo.
Una volta ho gridato: «Inverno sei un idiota».
«Grazie» mi ha risposto.
Bene.

Non sapevo che l'inverno potesse parlare.
Forse allora era il mio vicino di casa.
Ma non ne sono sicuro.

Ogni stagione ha un difetto.
La primavera mi fa venire l'allergia.
L'estate mi fa sudare, venire i brufoli e ho caldo.
D'autunno ricomincia la scuola.
E d'inverno fa freddo.
È proprio l'inverno quello con cui vado meno d'accordo.
Forse non ci capiamo.
Come faccio a capire una stagione che mi obbliga a mettermi 36 magliette per non morire?
È una maleducata.

Da piccolo io amavo l'inverno.
L'amavo così tanto che adottai un cane.
E lo chiamai proprio Inverno.
Perché l'avevo trovato d'inverno ed era bianco come la neve.

ERA FANTASTICO.

Era il mio migliore amico.

Ed era felicissimo di avermi come padrone.
Saltava ovunque.
E sorrideva sempre.
Fin quando non lo trovai più.
Scappò. Scappò di casa. Così iniziai a odiare l'inverno.

MI AVEVA ABBANDONATO.

Quel cagnolino che io amavo tanto mi aveva abbandonato.
E io non riuscii mai a perdonarlo.
Fin quando mia madre non mi disse che fu lei a lanciarlo fuori dalla finestra e a farlo scappare.
«Stavo pulendo e per sbaglio l'ho lasciato uscire dalla finestra» mi disse.
Certo mammina. Ti credo.
Chi è che non lancia i cani dalle finestre per sbaglio?

D'inverno io ho mille problemi.
Il mio naso diventa un ghiacciolo.
Le mie mani sembrano due pezzi di ghiaccio in un freezer.

E i miei piedi sono più freddi del mio sedere quando mi siedo su una panchina bagnata.
Ma la cosa che odio di più è il vento.

IL VENTO UNITO ALLA PIOGGIA.

Dovrebbero arrestarlo.
Perché non mi sembra un comportamento corretto questo.
Perché dovrei bagnarmi con dell'acqua che non so da dove arriva?
Cosa ne so di cosa hanno fatto con quest'acqua?
Posso fidarmi, secondo voi?

NO.

L'unica cosa che mi piace davvero tanto dell'inverno è la neve.
L'ho vista per la prima volta l'anno scorso.
È stato bello.
Mi hanno portato in montagna.
E mi hanno insegnato a sciare.
Sciare è davvero fantastico.

E poi il mio istruttore era davvero bravissimo.
Siamo scesi sciando da una montagna insieme.
Mi sentivo forte come lui.
Mi sentivo bravo come lui.

MI SENTIVO VOLARE COME LUI.

Peccato che lui non abbia sbattuto contro un albero a due metri dalla partenza.
Chi l'avrà messo lì quell'albero?
Lui?
Perché aveva paura che fossi più bravo?

SICURAMENTE SÌ.

Ho capito quindi che non vado d'accordo con l'inverno.
Neanche con l'estate.
Nemmeno con la primavera.
Per non parlare dell'autunno.
Sapete che vi dico?
Mi faccio lanciare dalla finestra da mia madre.

PER SBAGLIO, PERÒ.

SEI DAVVERO BRAVISSIMO!

I COLORI DEL MONDO

Perché esistono persone che si sentono migliori di altre?

Sono dei maleducati, direte voi.

Questa volta no.

Non sono solo maleducati.

IL MONDO È BELLO PERCHÉ È COLORATO.

Esistono tante persone diverse.

Non c'è chi è giusto e chi sbagliato.

Una persona bianca, una persona nera, una persona gialla.

NON ESISTE QUALCUNO NORMALE E QUALCUNO SBAGLIATO.

Siamo tutti sbagliati.

Tranne me.

Sì, avete capito bene. Io sono giusto.
Proprio così.
Altrimenti perché mia nonna mi direbbe sempre che sono il più bello?
Forse perché è la verità?

Il mondo è colorato.
Ed è perfetto così.
Se non ti piace, trasferisciti in un altro mondo.
Prendi la macchina e fai l'autostop.
«E se non ho la macchina?» chiederà qualcuno.
Vai a piedi.
Prova ad andare a piedi su Marte.
Controlla se c'è la strada su Google Maps.
Prova ad andarci a nuoto, altrimenti.
Tanto c'è il mare nello spazio, no?
Non lo sapevi?

FATTI TUOI.

E se ti perdi e hai bisogno di un aiuto ti do il mio numero.
Non ci sono problemi. Sono qui apposta.
Puoi chiamarmi a qualsiasi ora del giorno o della notte.

TANTO NON TI RISPONDO COMUNQUE.

No, dai. Non voglio essere così cattivo. Io non sono cattivo.
Ti risponderei.
Per insultarti e dirti parolacce che neanche sapevo di conoscere.
Questo, farei.

Il mondo è colorato.
Ci tengo a dirlo.
Perché alcuni maleducati vorrebbero che esistesse soltanto un colore.
Il bianco, magari.
Perché pensano che il bianco sia meglio degli altri colori.
O magari pensano che i colori non si dovrebbero mescolare mai.
«Picchiali tutti questi maleducati!» direte voi.
No. Io sono contro la violenza.
Infatti a scuola c'è una regola.
Chi picchia qualcuno deve pagare una multa.
Per esempio.

Se picchi un alunno, devi pagare 100 euro alla scuola.
Se picchi un professore, devi pagare 200 euro alla scuola.

Io li odio i bidelli.
Invece che ingraziarsi il professore per prendere un buon voto, dovremmo tutti diventare amici dei bidelli.
Anzi, sapete cosa dovrei fare?
Dovrei diventare il migliore amico di un bidello.
Dovrei cercare una persona che sogna di fare il bidello da grande.

E poi diventare il suo amico più fidato.
Uno di quegli amici che reputi un fratello.
Essere suo amico per 20 anni o forse 30.
Magari farmi invitare al matrimonio.

Anzi, diventare prete per celebrare il suo matrimonio.
Sarebbe meraviglioso.
Perché così fanno i veri amici.
E poco prima di dire al mio migliore amico, al mio ormai fratello e compagno di mille avventure: «Siete marito e moglie!»
Mi spoglierei nudo.
In chiesa.

DAVANTI A TUTTI.

Così, per dispetto.
Forse dovrei iniziare a cercare una persona che sogna di fare il bidello.
Perché già immagino la faccia di tutti gli invitati al matrimonio.

Il mondo è colorato.
E questo è fantastico.

Se non vi piace un mondo così, forse siete voi il problema.
Non dovremmo avere paura di una persona che ha la pelle di un colore diverso dal nostro o magari mangia cose diverse da quelle che mangiamo noi.
C'è chi giudica gli altri solo dal colore della pelle o dall'aspetto fisico.

È SBAGLIATO.

Non dovete sperare questo.
L'unica cosa che davvero e dico davvero dovreste sperare è che io non faccia il prete al vostro matrimonio.
Pensate un po' cosa potrebbe succedere.

SONO FORTUNATO, MA SOLO QUANDO DORMO

Io la sfido, la fortuna.

Perché deve vincere sempre lei?

Perché quando faccio "testa o croce" e dico testa esce sempre croce?

Perché quando spingo la porta di un negozio c'è sempre scritto TIRARE?

Perché la fortuna si prende gioco di me.

Allora ho capito che durante il giorno sono sfigato, ma di notte sono fortunato.

Perché ogni volta, quando dormo, mi risveglio sempre.

E questo significa solo una cosa: che non sono morto.

MI RITENGO UNA PERSONA FORTUNATA.

Ho capito che forse sarei più fortunato, se non esistessero alcune persone.

È tutta colpa loro.

È VERO.

Pensate che molte persone per andare in vacanza abbandonano i loro cani.

Ma state scherzando?

NON SI FA COSÌ.

Non bisogna per forza abbandonare i cani per andare in vacanza.

Forse dovreste fare una cosa più intelligente.

Voi che abbandonate i cani per andare in vacanza.

Mandate i cani in vacanza e abbandonate voi stessi.

Non sarebbe una brutta idea.

Lo dico sempre che non è colpa mia se esistono anche certe persone.

Io non sono bravo a parlare con gli altri.

Mi imbarazzo.

Soprattutto non sono bravo a dire cose carine e dolci quando serve.
Non è la mia specialità.
ENTRO NEL PANICO.
Come quella volta che accompagnai il mio migliore amico dal dottore.
Lui era tristissimo perché a 19 anni era già pelato.
Entrò dal dottore e quello gli disse: «Rimarrai pelato per tutta la vita, i capelli non ti cresceranno più».
In 18 anni che lo conosco non l'avevo mai visto così triste.
Piangeva. Ormai piangeva da 15 minuti.
Soltanto io potevo fare qualcosa per farlo smettere.
Dovevo dirgli qualcosa di dolce.

QUALCOSA DI TENERO.

Qualcosa di affettuoso.
Così dopo averci pensato mi feci coraggio e gli dissi: «È tutta colpa tua, se il tuo parrucchiere chiuderà!»
Mentre glielo dicevo mi sono accorto di stare facendo una cavolata.

Ma ormai era troppo tardi per fermarmi.
Così ho pensato di fargli un regalo.
Perché i regali piacciono a tutti e mettono di buon umore.
Non sapevo che regalo fare a un ragazzo di 19 anni a cui avevano appena detto di aver perso i capelli per sempre.

HO CERCATO SU INTERNET.

Ho trovato un sito che diceva che in questi casi il regalo perfetto è un regalo utile.
Cioè un regalo che serve a qualcosa.
Ci ho pensato molto.
E alla fine feci uno dei regali più belli e utili della storia.
Gli comprai uno shampoo.
FAI TORNARE I TUOI CAPELLI SPLENDIDI E FORTI! c'era scritto sulla scatola.
La commessa del negozio mi aveva preso in giro: non mi aveva detto che uno i capelli deve averli, perché lo shampoo funzioni.
Che truffatori in quel negozio.
Non andateci.
Da tutta questa storia ho capito una cosa.

Che forse non devo pensare.
È questo il mio problema.

QUANDO PENSO FACCIO DANNI.

Come quando un mio caro amico era così triste che non voleva più uscire di casa.
Pensava che tutti ce l'avessero con lui.
È rimasto un mese rinchiuso nella sua stanzetta.
Così ho pensato per giorni a una soluzione.
E alla fine dopo tanti sforzi e tanti tentativi, ero felicissimo perché sono riuscito a farlo uscire.
Dopo avergli bruciato la casa.

Forse anche altre persone si sentono sempre in imbarazzo in pubblico.
Non hanno sempre la risposta pronta.
Ecco, se voi siete una di quelle persone timide, che alcune volte si sentono di troppo, che si sentono sempre giudicate.
Sappiate che io vi capisco.
Anche io ero così.

Ma ho trovato la soluzione per non sentirmi MAI più in imbarazzo.

USCIRE CON IL MIO AMICO PELATO.

Così almeno, prendono in giro lui.

HO SEMPRE SONNO

Prima pensavo di essere sbagliato perché dormivo troppo.

Ora ho scoperto la verità.

Finalmente dopo anni ho scoperto tutta la verità.

Sono sbagliati quelli che non hanno mai sonno.

Io ho sempre sonno perché il mio cervello pensa tanto.

Per esempio, stamattina ho pensato tanto a che scarpe indossare.

Quelli che non hanno mai sonno nascondono qualcosa.

Se uno che non ha mai sonno vi chiede: «Vuoi una caramella?» voi non prendetela.

Mai fidarsi di uno che non ha sonno.

Perché esistono le persone che non hanno mai sonno?
Che cosa fanno per non avere mai sonno?
Ma soprattutto, che cosa fanno mentre tutti gli altri dormono?

VE LO DICO IO.

Pensano a come conquistare il mondo.
Questa domanda l'ho fatta anche a mia nonna.
«Nonna posso fidarmi di una persona che dorme poco?» le ho chiesto.
Si è addormentata. E non mi ha risposto.
La cosa strana è che si è addormentata mentre lavava i piatti.
E io l'acqua non l'ho chiusa.
"Magari tra qualche minuto si sveglia e continua a lavarli" ho pensato.

MIA NONNA È IL MIO IDOLO.

Io le voglio tantissimo bene.

Sogno di essere come lei, un giorno.

«Perché è una donna che ama la vita e le persone che ha intorno?» vi starete chiedendo voi.

No. Perché dorme tantissimo.

Una volta di sabato sera, mi ha detto: «Vado a dormire, ci sentiamo dopo!»

Il martedì mattina stava ancora dormendo.

«È ancora presto per alzarmi, chiudete quella

porta!» ha detto ai carabinieri che avevamo chiamato pensando fosse morta.

Un'altra professionista nel dormire è zia Anna.
Lei si addormenta ovunque.
Per questo è il mio secondo idolo.
Una volta ho provato a chiederle come fa.
Non me l'ha voluto dire.
«I numeri 1 non svelano mai i loro segreti» mi ha risposto.

AVEVA RAGIONE.

Dovevo scoprirlo da solo.

Sono riuscito a scoprire tutto un giorno di novembre.

ERAVAMO IO E LEI.
DA SOLI.

Stavamo parlando.
E a un certo punto si è addormentata. Dal nulla.
"Che grande!" è stata la prima cosa che ho pensato.

Iniziai a preoccuparmi quando mi accorsi che era lei che stava guidando.

«LA CURVAAAAAAAA!» ho gridato.

Senza svegliarsi, ha girato il volante.

È stata davvero bravissima.

Purtroppo si è dimenticata di frenare.

Però, si sa.

Anche i migliori sbagliano, zietta.

Non fidatevi mai di chi dorme poco.

Non sono simpatici.

PERCHÉ?

Perché dormono poco.

Se vedete in giro una persona che dorme poco, cambiate strada.

Mai fidarsi di uno che dorme poco.

Proprio per questo al mio professore metto i sonniferi nel caffè.

Così mi posso fidare di lui.

FINE.
THE END.

RINGRAZIAMENTI

Vi aspetterete che ora ringrazi qualcuno?
Quelli che mi hanno aiutato?
O magari quelli che mi sono stati accanto?
Non se ne parla.
Non ringrazierò mai nessuno.
Non ringrazierò mai mia madre, che mi ha aiutato e mi è stata accanto durante tutti questi mesi.
Non ringrazierò mai DeAgostini per avermi fatto scrivere tutto ciò che volevo.

Non ringrazierò mai e poi mai Raffaella e tutta Newtopia.

NEANCHE ME STESSO.

E non sognatevi che io vi dica cos'ho fatto per fare tutto ciò.
Non vi dirò mai quante ingiustizie mi hanno fatto prima di avere quel poco che ho ora.
Le notti insonni che ho passato per scrivere questo pezzo di carta.
Quindi state zitti e non chiedetemelo.
Non vi permettete di chiedermi neanche come ci sono arrivato a tutto questo.
Quando mi alzavo andavo a scuola,

tornavo a casa e facevo quello che mi piaceva.
Quando tutti mi dicevano che non avrei combinato nulla e stavo sprecando solo tempo.
Quando mi dicevano che una persona con la sua testa ribelle non può fare niente se è da sola.
Quando provavano a dirmi che dovevo stare al mio posto ma io continuavo a combattere per ciò che ritenevo giusto.
NON VI DIRÒ NIENTE DI TUTTO CIÒ.
PERCHÉ MI FANNO SCHIFO LE PERSONE CHE DICONO QUESTE COSE.

Però vi dico che il nostro mondo è pieno di cacca.
E se continuerete a nuotarci dentro non potrete neanche lamentarvi di puzzare.

QUINDI INIZIATE A ESSERE QUELLO CHE VOLETE ESSERE.

Mandate a quel paese tutto ciò che odiate.
Perché è proprio così che stanno le cose.
Noi giovani dobbiamo iniziare a far capire che valiamo.
Noi dobbiamo far capire a tutti che siamo in grado di pensare.

Noi dobbiamo far capire che non siamo solo quelli «che devono andare a scuola e ascoltare».
Noi non siamo quelli «che sanno soltanto usare i telefoni».
NOI SIAMO IL FUTURO E VOI NON SIETE NIENTE.